원더
셀프

원더셀프

당신의 소망을 이루어 주는
3단계 의식 훈련법

초 판 1쇄 2026년 03월 13일

지은이 전문우
펴낸이 류종렬

펴낸곳 미다스북스
본부장 임종익
편집장 이다경, 김가영
디자인 윤가희, 임인영, 윤영빈
책임진행 안채원, 이예나, 김은진, 국소리, 송가희, 이지영

등록 2001년 3월 21일 제2001-000040호
주소 서울시 마포구 양화로 133 서교타워 711호, 808호
전화 02) 322-7802~3
팩스 02) 6007-1845
블로그 http://blog.naver.com/midasbooks
전자주소 midasbooks@hanmail.net
페이스북 https://www.facebook.com/midasbooks425
인스타그램 https://www.instagram.com/midasbooks

ISBN 979-11-7355-743-9 03190

값 18,000원

미다스북스는 다음세대에게 필요한 지혜와 교양을 생각합니다.

원더 셀프

당신의 소망을
이루어 주는
3단계
의식 훈련법

전문우 지음

WONDER SELF

미다스북스

CONTENT

우리는 왜 원하는 삶을
살지 못할까

수십 권 읽은 끌어당김 법칙의 책들과 영상, 꿈 이미지로 가득 채운 비전 보드와 시각화, 매일 아침 진심을 다해 말한 긍정 확언과 100번 쓰기 등등.

"긍정적으로 생각하면 된다고 했는데….”
"목표를 적고 매일 읽었는데….”
"이렇게 열심히 했는데….”

당신은 분명 노력했다. 하지만 여전히 변화는 멀게만 느껴진다. 왜 원하는 것이 이루어지지 않는 걸까? 그건 바로 전체를 보지 못하고 자신이 아는 부분만을 전부로 착각하기 때문이다. 대부분의 사람들이 저지르는 실수다. 열린 마음으로 다양한 관점을 받아들이고, 그것을 통합시킬 수 있어야 한다. 그래야 진정으로 바라는 것이 이루어질 수 있다.

코끼리의 다리를 만진 장님은 "기둥이다!"라고 외친다. 귀를 만진 사람은 "부채다!"라고 주장한다. 코를 만진 사람은 "밧줄이다!"라고 확신한다. 모두 틀린 말은 아니다. 하지만 그 누구도 코끼리 전체를 보지 못했다.

대부분의 자기계발 강사가 저지르는 실수도 이와 같다. 어떤 강사는 시각화만 강조한다. 또 어떤 강사는 마인드만 이야기한다. 다른 강사는 에너지만 말한다. 각자 한 부분만 보고 그것이 전부라고 하는 것이다.

다양한 심리 학파나 종교들을 전체적으로 조망하면 언뜻 서로 모순되는 것처럼 보인다. 예를 들어, 선불교는 우리에게 자아를 잊고 초월하라고 말한다. 그러나 정신분석은 자아를 강화하고 확립하라고 이야기한다. 도대체 어느 쪽이 옳은 것일까?

이 질문 앞에서 우리는 잠시 멈춰 서게 된다. 수천 년의 지혜와 현대 심리학의 통찰이 정반대의 방향을 가리키는 것처럼 보이기 때문이다. 하지만, 이 역설 속에 어쩌면 가장 중요한 진실이 숨어 있는지도 모른

다. 단 하나의 답이 아니라, 서로 다른 단계에서 필요한 서로 다른 길
이 존재한다는 것. 우리는 이제 그 미묘한 경계를 탐험하려고 한다.

원더셀프
3가지 핵심 공식

새로운 현실을 창조하는 '끌어당김의 법칙'이 작동하려면 아래의 3가지 공식을 통합해야 한다. 하나만으로는 부족하다. 둘만으로도 부족하다. 3가지가 하나로 통합될 때, 비로소 당신이 바라는 소망이 현실이 된다.

공식 1   긍정적인 뇌로 최적화하라!

공식 2   내 안의 놀라운 나와 연결하라!

공식 3   무한한 가능성의 장에 내맡겨라!

이 3가지 공식을 단순한 순서나 계단으로 이해해서는 안 된다. 각 단계는 이전 단계를 품으면서 동시에 그것을 넘어선다. 이는 마치 러

시아의 마트료시카 인형처럼, 작은 전체가 더 큰 전체 속에 포함되는 구조다.

의식 연구 분야의 아인슈타인으로 평가받는 사상가 켄 윌버가 제안한 '홀론(holon)'의 개념이 이를 정확히 설명한다. 모든 존재는 그 자체로 완전한 전체이면서, 동시에 더 큰 전체의 일부가 된다.

생명의 위계를 보자. 원자는 그 자체로 완결된 전체지만, 분자라는 더 큰 전체의 부분이 된다. 분자는 또한 세포의 구성 요소가 되고, 세포는 유기체라는 거대한 전체를 이룬다. 각 층위는 이전 층위를 포함하면서도 그것만으로는 설명할 수 없는 새로운 속성을 드러낸다.

우리의 의식 성장도 정확히 이런 홀론의 원리를 따른다. '긍정적인 뇌'는 그 자체로 하나의 완전한 전체다. 뇌의 신경회로를 최적화하고, 긍정성을 훈련하는 것만으로도 충분히 의미 있는 변화다. 하지만 이것이 끝이 아니다.

내면의 '놀라운 나'는 긍정적 뇌를 포함하면서 그것을 초월한다. 최적화된 뇌는 여전히 존재하지만, 이제 더 깊은 위대한 자아와의 연결이라는 새로운 차원이 열린다. 뇌는 사라지지 않고 더 큰 전체 속에서 작동한다. 더 나아가 '무한한 가능성의 장'은 이 모든 것을 품는다. 긍정적 뇌도, 내면의 놀라운 나도 여전히 그대로 있다. 그러나 이제 개인을 넘어 우주적 흐름과 하나 되는 놀라운 세계가 펼쳐진다.

이것은 1단계를 버리고 2단계로, 2단계를 버리고 3단계로 가는 것이 아니다. 세포가 원자를 버리지 않고 포함하듯, 각 단계는 이전을 품은 채 새로운 지평을 연다. 분리가 아니라 확장이다. 좁은 원이 점점 더 큰 원 속에 포함되면서 의식은 끝없이 초월하며 확장된다.

내면의 잠재력을 깨우고 삶을 변화시키기 위한 3가지 핵심 공식이 있다. 각 공식은 순차적으로 작동하며, 우리를 더 깊은 자기 이해와 삶의 가능성으로 이끈다. 지금부터 놀라운 비밀 '원더셀프 3가지 공식'의 각 단계를 자세히 들여다보자.

원더셀프 공식 1: 긍정적인 뇌로 최적화하라!

변화의 첫걸음은 우리의 뇌를 재설정하는 것이다. 우리의 뇌는 습관적으로 부정적인 편향을 가지고 있다. 의식적인 노력 없이는 자동으로 부정적인 면에 초점을 맞추게 된다. 예를 들면 "반드시 할 수 있어!"라고 선언하면 할수록 마음속 깊은 곳에서는 "과연 할 수 있을까?"와 같은 불안과 불신이 생겨난다. 긍정적인 뇌의 최적화는 단순히 긍정적으로 생각하는 것을 넘어선다.

무의식적인 프로그램이 언제 나를 장악하는지 알아차리고, 그것에 휩싸이지 않아야 한다. 그러려면 현실 창조의 가장 강력한 도구인 집중력과 주의력이 필요하다. 부정적인 생각과 감정이 올라올 때 그것을 있는 그대로 관찰할 수 있어야 한다. 부정적 감정은 있는 그대로 수용할 수 있어야 하며, 그에 대해 새로운 올바른 해석을 내릴 줄도 알아야 한다. 내가 원하는 곳에 주의력을 두고, 내가 원하지 않는 것에는 주의력을 두지 않는 것. 이것이 현실 창조의 핵심이다. 왜냐하면 주의력을 두는 곳이 에너지를 두는 곳이기 때문이다.

이것은 단순한 긍정적 사고가 아니다. 뇌의 신경 가소성이라는 과학적 원리를 활용하여 완전히 새로운 신경 회로를 만들어가는 과정이다. 매일의 반복적인 훈련을 통해 우리는 현실을 바라보는 렌즈 자체를 새롭게 바꿀 수 있다. 이것은 오래된 나에서 새로운 나로, 자신에 대한 관념을 뿌리째 바꾸는 일이다. 익숙한 자아의 패턴을 해체하고, 전혀 다른 정체성을 뇌에 각인시키는 혁명적인 변화다.

신경과학은 이제 명확하게 말한다. 우리의 뇌는 고정되어 있지 않다고. 생각이 바뀌면 뇌가 바뀌고, 뇌가 바뀌면 삶이 바뀐다. 문제는 단 한 번의 깨달음이 아니라 매일의 실천이다. 새로운 뇌 회로가 자동화될 때까지, 오래된 이전의 자아를 버리고 우리는 계속해서 새로운 나를 선택해야 한다.

원더셀프 공식 2: 내 안의 놀라운 나와 연결하라!

뇌가 긍정적으로 재설정되었다면 이제 더 깊은 내면으로 들어갈 준비가 된 상태다. 우리 내면에는 일상적 자아를 넘어서는 더 큰 위대한 존재가 있다. 수천 년 동안 인류가 찾아 헤매던 신, 부처, 하늘, 그 위대한 무언가는 어디에 있는가? 그것은 구름 위 천국도, 저 멀리 극락도, 닿을 수 없는 천상도 아니다. 놀랍게도 그 신성한 존재는 우리 마음속 가장 깊은 곳에 있다. 그것이 바로 가장 깊은 차원의 우리 자신이다.

이 '놀라운 나'는 단순한 자아가 아니다. 우주의 과거, 현재, 미래를 관통하는 모든 정보가 기록된 제로 포인트 필드와 연결되어 있다. 인류가 축적해 온 모든 지혜를 기억하고 있으며, 그 방대한 정보와 지혜로 우리의 인생을 인도한다.

결국 우리 인생을 이끄는 그 위대한 무언가의 정체는 무엇인가? 그것은 외부의 어떤 초월적 존재가 아니다. 우리 마음 깊은 곳에 자리한, 심오하고 최고의 지혜를 지닌 우리 내면의 안내자이다. 우리가 찾던 신은 밖이 아니라 안에 있다. 우리는 이미 온전한 존재이다.

이 단계에 이르려면 명상, 기도, 내면 대화 등을 통해 표면적인 자아 너머의 본질적인 자신과 만나는 과정이 필요하다. 이 내면의 놀라운 나는 무한한 창조성과 지혜와 직관을 가지고 있다. 또한 우리가 진정으로 누구인지를 잘 알고 있다. 이 내면의 위대한 힘과의 연결이 깊어질수록 삶은 더욱 진정성 있고 의미 있게 변화하기 시작한다.

원더셀프 공식 3: 무한한 가능성의 장에 내맡겨라!

마지막 단계는 역설적으로 통제를 놓아주는 것이다. 긍정적인 뇌로 최적화하고, 내면의 놀라운 나와 연결된 상태에서, 이제 우리는 삶의 더 큰 흐름에 자신을 내맡길 수 있다. 이는 무책임한 방임이 아니다. 오히려 우주의 지성, 삶의 자연스러운 흐름을 신뢰하며 그 안에서 협력하는 것이다.

집착과 강박적 통제를 내려놓고 무심의 상태에 이르렀을 때, 우리가 상상했던 것보다 훨씬 더 풍요로운 가능성이 열린다. 마치 강물이 저항 없이 흐를 때 가장 멀리 가듯이, 우리 삶도 내맡김의 지혜 속에서 가장 아름답게 펼쳐진다.

우리의 마음 상태는 그와 공명하는 현실을 끌어당긴다. 긍정적 상념은 좋은 운을, 부정적 상념은 나쁜 운을 불러온다. 이것이 단순한 긍정론이 아니다. 양자물리학이 그 메커니즘을 밝혀내고 있다.

양자역학은 보이지 않는 에너지와 정보의 장, 즉 '양자장'이라는 개념을 제시한다. 이것은 우주 모든 곳에 편재하는 에너지장으로, 과거와 현재와 미래의 모든 정보가 기록되어 있다. 아무것도 없어 보이는 진공조차 '양자 진공'이라 불리며, 그 속에 방대한 에너지가 잠재되어 있다.

더 놀라운 사실이 있다. 우리가 딱딱한 물질이라 믿는 모든 것이 에너지이자 파동이라는 점이다. 물질로 느껴지는 것은 우리 감각의 착각일 뿐이다. 이 모든 파동의 흔적은 홀로그램으로 기록되며, 홀로그램은 거의 무한에 가까운 정보를 담을 수 있다. 우주 전체가 하나의 거대한 정보장인 셈이다.

이 3단계의 공식은 각각 독립적으로도 의미가 있다. 하지만 함께 작동할 때 진정한 변화의 힘을 발휘한다. 긍정적 뇌는 토대를 만들고, 놀라운 나와의 연결은 방향을 제시하며, 완전한 내맡김은 무한한 가능성을 열어준다. 이것은 단순한 이론이 아닌 실천 가능한 삶의 공식이다. 매일 이 3가지 공식을 의식하며 적용할 때, 우리는 점차 더 자유롭고 창조적이며 기쁨 넘치는 삶을 경험하게 될 것이다.

긍정적인 뇌로
최적화하라!

우리가 경험하는 현실은 우연의 결과가 아니라, 뇌가 반복적으로 선택하고 강화해 온 패턴의 결과다. 이 장에서는 생각과 의도, 주의력의 방향이 어떻게 뇌를 재구성하고 삶의 토대를 만드는지 살펴본다. 변화의 출발점은 현실을 해석하는 뇌를 새롭게 설계하는 데 있다.

현실을 창조하는
가장 강력한 도구

현실을 창조하는 가장 강력한 도구가 무엇일까? 답은 놀랍도록 단순하다. 바로 '주의력'이다. 지금 이 순간 당신은 무엇에 주의를 기울이고 있는가? 그곳이 바로 당신이 에너지를 쏟고 있는 곳이다. 주의력을 어디에, 어떻게, 얼마나 오랫동안 기울이는지가 당신이라는 존재를 규정한다.

과거의 후회에 주의를 기울이면, 당신은 과거에 갇힌 사람이 된다. 미래의 불안에 주의를 기울이면, 당신은 두려움 속에 사는 사람이 된다. 하지만 지금 이 순간 당신이 원하는 곳에 주의를 기울이면, 당신은 그 현실을 창조하는 사람이 된다.

주의력이란 감각 기관을 자극하는 다른 모든 정보를 무시한 채 집중 대상만을 완전히 인식하는 힘이다. 주의를 집중하면 무작위로 떠오르는 생각도 통제할 수 있다. 우리가 반복적으로 생각하고 집중하는 것이 우리의 존재 상태를 결정한다. 주의력은 단순한 생각의 방향이 아니다. 그것은 당신이 누구인지를 만들어가는 창조의 도구다.

미국 심리학의 창시자 윌리엄 제임스는 이미 1세기 전에 이 핵심을 꿰뚫어 보았다. "끊임없이 방황하는 주의력을 의식적으로 계속 되돌려놓을 수 있는 능력이 바로 판단력, 성격, 그리고 의지력의 아주 기본적인 뿌리이다." 그는 더 나아가 이렇게 말했다. "이 능력이 없는 사람은 자신의 주인이 될 수 없다. 주의력을 키우는 것, 이것이야말로 최고의 교육이고 방황하는 주의력을 찾는 것이야말로 나의 주인이 되는 길이다."

당신의 주의력이 당신의 운명을 만든다

스마트폰 알림에 끌려다니는가? SNS 피드에 빠져 있는가? 타인의 시선과 평가에 사로잡혀 있는가? 그렇다면 당신은 자신의 주인이 아니다. 하지만 당신이 의식적으로 주의력을 선택하고, 방황하는 마음을 다시 원하는 곳으로 되돌릴 수 있다면 당신은 진정한 자유를 얻는다. 당신의 판단력, 성격, 의지력을 스스로 만들어갈 수 있다.

주의를 다른 곳으로 돌리지 않는 한, 에너지도 다른 곳으로 흐를 수 없다. 늘 똑같은 곳에 주의를 두면 늘 똑같은 에너지를 방출하게 되고, 결국 똑같은 인생을 살게 된다. 우리의 성격이 더 이상 우리의 현실을 창조하지 못한다. 오히려 반대로 외부 현실이 우리의 성격을 창조한다. 외부 환경이 우리의 생각과 느낌을 조종하는 것이다. 삶의 창조자가 되기는커녕 삶의 희생자가 된다.

주의력 훈련은 곧 인생의 훈련이다. 그것은 방황하는 주의력을 의식적으로 되돌려놓는 훈련이기 때문이다. 당신이 진정으로 원하는 미래의 비전에 주의를 기울일 때, 당신은 단순히 생각을 바꾸는 것이 아니다. 당신의 '존재 상태' 자체를 변화시키는 것이다.

당신의 주의력이라는 에너지가 흐르는 곳에서 당신의 현실이 창조된다. 그 선택이 결국 당신의 인생을 만든다. 주의력의 주인이 돼라. 당신이 원하는 곳에 주의력을 기울이고, 원하지 않는 것에 주의력을 기울이지 않는 것! 이것이 당신 인생의 주인이 되는 유일한 길이다.

만약 1초도 쉬지 않고 주의력을 쓴다면 당신은 어디에 주의력을 보낼 것인가? 대부분의 사람들은 이 질문에 답하지 못한다. 왜냐하면 지금까지 단 한 번도 자신의 주의력을 의식적으로 선택해 본 적이 없기 때문이다. 그저 습관적이고 무의식적으로 주의력을 흘려보냈을 뿐이다.

아침에 눈을 뜨자마자 스마트폰을 집어 든다. 출근길에는 SNS를 스크롤한다. 업무 중에는 이메일 알림에 반응한다. 저녁에는 유튜브 추천 영상을 끝없이 본다. 잠들기 전까지 누군가의 게시물, 누군가의 댓글, 누군가의 평가에 주의력을 쏟아붓는다. 하루 종일 주의력을 보냈지만 정작 당신이 원하는 곳에 보낸 주의력은 얼마나 되는가. 당신의 비전과 목표, 당신의 꿈에 보낸 주의력은 몇 분이나 되는가?

주의력은 당신이 가진 가장 귀한 자원이다. 돈보다 귀하다. 시간보다 귀하다. 왜냐하면 주의력이 향하는 곳에 당신의 에너지가 흐르고, 당신의 현실이 창조되기 때문이다. 지금 이 순간부터 질문하라. 나는 지금 어디에 주의력을 쓰고 있는가? 이것이 내가 원하는 것인가? 이것이 나의 미래를 창조하는 데 도움이 되는가? 의식적으로 명확하고 단호하게 선택하라. 당신이 진정으로 원하는 미래에 1초도 낭비하지 말고 주의력을 보내라.

병아리가 증명한 놀라운 진실

프랑스의 르네 푀크 박사가 수행한 실험이 있다. 이것은 '의도와 주의의 힘'이 얼마나 강력한지를 보여준다. 갓 태어난 병아리는 본능적으로 처음 본 움직이는 대상을 어미로 인식한다. 어미 닭이 없다면 사람도, 심지어 로봇도 어미가 될 수 있다. 병아리들은 그렇게 각인된 대상을 졸졸 따라다닌다.

푀크 박사는 이 본능을 이용해 놀라운 실험을 설계했다. 그는 무작위로 움직이는 특수 로봇을 제작했다. 이 로봇은 완벽한 확률로 무작위 패턴을 따른다. 절반은 왼쪽으로 절반은 오른쪽으로 향하도록 프로그래밍 되었다.

먼저 대조 실험으로 병아리가 없는 상태에서 로봇을 작동시켰다. 예상대로 로봇은 상자 안 이곳저곳을 균등하게 움직였다. 완벽한 무작위였다. 그다음 푀크 박사는 갓 부화한 병아리들에게 이 로봇을 가장 먼저 보여주었다. 병아리들은 로봇을 어미로 각인했고 로봇을 졸졸 따라다녔다.

본격적인 실험이 시작되었다. 푀크 박사는 병아리들을 상자 밖 투명한 우리 안에 가두었다. 병아리들은 로봇을 볼 수는 있지만 따라갈 수는 없는 상황이었다. 병아리들은 우리 안에서 로봇을 애타게 쳐다보았다. 어미에게 가고 싶다는 강렬한 의도만이 우리 안을 가득 채웠다. 그러자 놀라운 일이 벌어졌다.

로봇은 더 이상 상자 안 전체를 골고루 움직이지 않고 병아리들과 가까운 절반 안에서만 움직였다. 무작위 프로그램은 그대로인데, 로봇의 실제 움직임은 병아리들의 의도에 이끌렸다. 컴퓨터로 조작되는 기계가 작은 생명체의 의도에 반응한 것이다.

생각해 보라. 뇌도 제대로 발달하지 않은 갓 태어난 병아리들의 단순한 의도가 무작위로 움직이는 로봇의 움직임을 바꿀 수 있었다. 그렇다면 고도로 발달한 두뇌를 가진 인간이 발산하는 의도의 힘은 얼마나 강력할까?

병아리들은 단지 어미에게 가고 싶다는 하나의 순수한 의도만을 가졌을 뿐이다. 병아리들은 의심하지 않았고, 망설이지 않았으며, 불가능하다고 생각하지도 않았다. 그저 원했을 뿐이다. 이 실험은 단순한 과학적 호기심을 넘어선다. 그것은 우리에게 근본적인 질문을 던진다. 만약 병아리의 의도가 무작위 로봇의 움직임을 바꿀 수 있다면, 당신의 명확하고 집중된 의도는 당신의 미래를 얼마나 바꿀 수 있을까?

당신이 진심으로 원하고, 의심 없이 집중하며, 매일 그 의도를 유지한다면, 당신 주변의 무작위처럼 보이는 사건들이 당신이 원하는 방향으로 움직이기 시작할 것이다. 우연처럼 보이는 만남들, 때맞춰 나타나는 기회들, 예상치 못한 행운들…. 그것들은 정말 우연일까? 아니면 당신의 의도가 현실을 끌어당긴 결과일까?

병아리들은 이미 증명했다. 의도는 현실을 움직인다. 이제 당신 차례다. 당신의 의도는 무엇인가? 그리고 그 의도를 얼마나 순수하고 명확하게 유지하고 있는가? 당신의 의도가 충분히 강렬하다면 세상은 반드시 당신에게 반응할 것이다. 생후 3일 된 갓 태어난 병아리가 그렇게 할 수 있다면 나는 확신한다. 당신도 자신의 미래를 창조할 수 있다는 것을.

우리는 상상한 대로 된다

당신은 평소 마음속으로 무엇을 상상하는가? 막연한 희망이나 걱정을 반복해서 떠올리는가, 아니면 구체적이고 생생한 미래의 모습을 그리는가? 이 질문이 중요한 이유는 마음속으로 무엇을 연습하느냐에 따라 뇌의 구조 자체가 달라지기 때문이다.

모든 창조는 마음에서 시작된다. 건축가가 설계도를 그리듯, 우리는 먼저 내면에서 원하는 현실을 구성한다. 이 내적 창조 능력이 상상력이다. '시각화'는 이러한 상상력을 체계적으로 활용하는 기법이다. 목표를 단순히 생각하는 것을 넘어 그것이 이미 실현된 상태를 오감으로 경험하는 과정이다. 이 시각화의 방법은 여러 이름으로 불린다. 멘탈 리허설, 이미지 트레이닝, 상상 훈련 등등. 명칭은 다르지만 본질은 동일하다.

뇌는 실제 행동과 상상된 행동을 구분하지 못한다. 그것에 충분히 집중하면 두 경험은 신경학적으로 동일한 신호를 만든다. 이것은 중요한 발견이다. 생각만으로 뇌의 구조를 바꿀 수 있다는 의미이기 때문이다. 신경세포는 실제 자극인지 상상된 이미지인지 판단하지 않는다. 단지 반복되는 패턴에 반응해 뉴런의 연결을 강화하거나 약화시킬 뿐이다. 따라서 지속적인 상상 훈련은 실제 경험과 같은 방식으로 우리의 뇌를 변화시킨다.

뇌를 바꿀 수 있다는 것은 삶을 원하는 대로 변화시킬 수 있다는 뜻이다. 우리는 과거의 경험이나 현재의 조건에 갇혀 있을 필요가 없다. 우리는 생각을 통해 새로운 신경망을 만들고, 그 신경망이 새로운 사고방식을 만들며, 그 새로운 사고방식이 새로운 행동을 만든다. 시각화는 단순한 상상 놀이가 아니다. 새로운 차원의 마음을 만들어내는 신경생물학적 작업이다. 생각만으로도 우리는 다른 사람이 될 수 있다. 즉, 뇌가 바뀌면 삶이 바뀌는 것이다.

뇌는 상상과 현실을 구분하지 못한다

신경과학자들은 놀라운 실험을 통해 이를 증명했다. 피아노를 배운 적 없는 사람들을 네 그룹으로 나눈 실험이었다.

첫 번째 그룹은 5일 동안 매일 두 시간씩 실제로 피아노곡을 연습했다.

두 번째 그룹은 어떠한 악보나 지시 사항 없이 매일 두 시간씩 자기 마음대로 피아노를 쳤다.

세 번째 그룹은 피아노를 전혀 건드리지도 않았다. 단지 첫 번째 그룹이 연습하는 것을 지켜보고 관찰했다. 이들은 매일 두 시간씩 자신이 피아노를 연주하는 모습을 마음속으로만 상상하기만 했다.

네 번째 그룹은 대조군으로 아무것도 하지 않았다.

5일 후, 연구팀이 참가자들의 뇌를 관찰했을 때 충격적인 결과가 나타났다. 실제로 피아노를 연습한 첫 번째 그룹과 상상만 한 세 번째 그룹의 뇌 신경망이 거의 동일하게 변화했다. 반면 무작위로 건반을 두드린 두 번째 그룹의 뇌에는 의미 있는 변화가 거의 없었다. 이것이 의미하는 바는 분명하다. 뇌는 실제 경험과 상상을 구별하지 못한다는 것이다.

생각은 단순한 정신 활동이 아니다. 하나의 생각이 떠오르는 순간 신체 전체가 반응한다. 레몬을 깨물었다고 상상하면 위는 즉시 위액을 분비한다. 간은 소화를 위한 효소를 생산하기 시작한다. 이처럼 레몬을 먹지 않았는데도 몸은 준비 상태에 들어간다. 불안한 생각을 할 때도 마찬가지다. 심장 박동이 빨라지고, 호흡 패턴이 변한다. 손끝과 발끝의 미세한 혈관까지 혈류량이 달라진다. 얼굴이 창백해지거나 붉어지는 것도 이 때문이다.

이 모든 변화는 무심코 떠올린 생각 하나에서 비롯된다. 의도하지 않았어도 생각은 몸에 영향을 준다. 뇌는 생각을 화학 신호로 변환하고, 그 신호는 몸 전체로 퍼진다. 우리가 무엇을 생각하느냐가 단순히 기분의 문제가 아닌 이유다. 생각은 즉각적이고 구체적인 생리 반응을 만든다. 긍정적 상상이 치유 효과가 있는 것도, 부정적 사고가 건강을 해치는 것도 같은 원리다. 생각의 힘은 추상적 개념이 아니라 측정 가능한 생물학적 현상이다.

1980년대까지만 해도 과학계는 뇌가 고정된 기관이라고 믿었다. 성인이 되면 더 이상 변하지 않는다고 생각했다. 하지만 이는 완전히 잘못된 믿음이었다. 현대 신경과학은 뇌가 끊임없이 재구성되고 변화한다는 사실을 밝혀냈다. 우리의 모든 경험, 생각, 학습은 뇌의 물리적 구조를 바꾼다. 이를 '신경 가소성'이라고 부른다. 무언가를 반복해서 생각하거나 행동할 때마다 해당 신경회로는 더욱 강화된다.

신경과학의 기본 원리 중 하나가 '헵의 학습'이다. 이것은 "함께 활성화된 신경세포는 서로 연결된다."라는 원리다. 피아노 실험에서 세 번째 그룹이 상상만으로 뇌를 변화시킬 수 있었던 것은 바로 이 때문이다. 그들은 정신 집중을 통해 특정 신경망을 지속적으로 자극했다. 그 결과 실제 연습과 동일한 신경 연결이 형성되었다.

여기서 핵심은 집중과 일관성이다. 무작위로 건반을 두드린 두 번째 그룹의 뇌가 변하지 않은 이유는 같은 회로를 반복적으로 활성화하지 않았기 때문이다. 체계 없는 행동의 반복만으로는 의미 있는 신경망을 만들 수 없다. 한 번의 생각은 약한 전기 신호에 불과하다. 하지만 같은 생각을 반복하면 뉴런 사이의 연결이 강화된다.

처음에는 가느다란 오솔길 같던 신경 경로가 반복을 통해 넓은 고속도로로 변한다. 잡념 없이 하나의 상태에 집중하고 반복할 때, 뇌는 더욱 복잡하고 강력한 신경망을 구축한다. 이 신경망이 새로운 마음 상태를 만든다. 매일 같은 장면을 떠올리고, 같은 감정을 느끼고, 같은 생각을 할 때 그것은 단순한 상상이 아니라 뇌의 물리적 구조를 바꾸는 작업이다.

반복은 가능성을 현실로 전환하는 과정이다. 피아노 실험이 가르쳐 주는 가장 중요한 교훈은 이것이다. 몸을 움직이지 않아도 뇌는 변할 수 있다. 건반이 실제로 눌렸는지 아닌지는 중요하지 않았다. 중요한 것은 얼마나 생생하게, 집중적으로 반복해서 상상했느냐였다.

하지만 이것이 행동이 필요 없다는 의미는 아니다. 오히려 그 반대다. 적절한 정신적 노력이 뒷받침될 때 뇌는 육체적 노력과 정신적 노력을 동등하게 받아들인다. '멘탈 리허설'은 실제 행동을 준비하고 강화하는 도구다. 이것은 단순히 무언가를 상상하는 것과는 다르다. 그것은 실제 상황인 것처럼 생생하게 연습하는 것이다. 음악가가 콘서트 무대를 상상하듯, 가장 이상적인 자신의 모습을 구체적으로 그리는 것이다.

상상력은 체계적 훈련으로 강화된다. 명확한 목표 설정에서 시작한다. 모호한 바람이 아닌 구체적 결과를 정의해야 한다. "성공하고 싶다."가 아니라 "6개월 후 프로젝트를 완성한다."처럼 측정 가능한 목표가 필요하다.

목표 달성 순간을 오감으로 구성한다. 시각적으로 그 장면을 본다. 청각적으로 축하 소리를 듣는다. 촉각으로 성취의 감촉을 느낀다. 후각과 미각까지 동원해 그 순간의 공기를 맡고 맛본다. 주변 분위기와 고양된 감정까지 세밀하게 담아낸다. 단순히 그림을 보는 것이 아니라 그 안에 완전히 빠져들어 가는 것이다. 이것이 진정한 몰입이다.

상상은 한두 번의 시도로 끝나지 않는다. 매일 같은 장면을 반복할 때 잠재의식에 각인된다. 반복된 생각은 뇌의 신경회로를 재구성한다. 상상과 현실을 구분하지 못하는 뇌는 반복된 상상을 실제 경험으로 저장한다. 매일매일 같은 장면을 그릴 때 그 이미지는 점점 선명해지고 강력해진다. 결국 잠재의식 깊숙이 새겨진 상상은 현실로 실현된다.

중요한 것이 있다. 의심 없는 믿음이 필요하다. "될 수도 있다."가 아닌 "반드시 된다."라는 확신이다. 믿음이 없는 상상은 공상에 불과하다. 확고한 믿음이 있을 때 상상은 실현 가능한 청사진이 된다. 명확한 목표, 진정한 몰입, 지속적 반복, 확고한 믿음. 이 요소들이 상상을 현실로 전환하는 메커니즘이다.

이상적인 존재가 되기 위한 여정

눈을 감고 변화된 당신의 모습을 구체적으로 상상해 보라. 새로운 현실 속에서 어떻게 행동할 것인지 계획해야 한다. 아침에 일어나 무엇을 하고, 어떤 말투로 대화를 나누며, 어떤 기준으로 결정을 내리는가. 그 모습이 되었을 때의 감정을 느껴보라. 자신감, 평온함, 기쁨, 감사함이 몸 안에서 어떻게 느껴지는지 체감하는 것이다.

단순히 결과만 상상해서는 부족하다. 그 결과를 만드는 과정, 그 안에서 느끼는 감정, 주변과의 상호작용까지 세밀하게 조율해야 한다. 어떤 도전이 오고, 그때 어떻게 반응하며, 성취의 순간에 누구와 함께 있는가. 이것은 백일몽이 아니다. 건축가가 도면 없이 건물을 지을 수 없듯, 명확한 청사진 없이 변화는 일어나지 않는다. 뇌는 구체적인 설계가 주어질 때 비로소 그것을 실현하는 방향으로 움직이기 시작한다.

시각화할 때 존경하는 인물의 사고방식과 행동양식을 모델로 삼을
수 있다. 그 사람이라면 어떻게 생각하고 행동할까? 나에게 무슨 조언
을 할까? 이런 질문들을 통해 그들의 신경망 패턴을 자신의 뇌에 새길
수 있다.

위인들의 공통점은 명확하다. 의지의 힘이다. 그들은 외부 환경을
극복하고, 즉각적 욕구를 억제하며, 장기적 목표를 향해 나아갔다.
외부 세계가 어떤 피드백을 주든 그들은 자신의 목표를 포기하지 않
았다. 자유를 위해서든, 진리를 위해서든, 사랑을 위해서든, 그들은
자신이 선택한 결과에 모든 관심을 집중했다. 머릿속에서 생각한 것
을 물질 세상에서 그대로 실현해 냈다.

그렇다면 이런 사람들이 왜 소수에 불과한가? 그들에겐 타고난 재
능이 있었을 수도 있다. 하지만 더 중요한 것은 전전두엽을 일관되게
사용하는 법을 배웠다는 점이다. 그리고 그것을 더 자주, 더 지속적
으로 사용했을 뿐이다.

당신은 살면서 단 한 번이라도 이렇게 살아본 적이 있는가? 1가지
목표를 위해 당신의 의지와 주의를 완전히 동원해 본 적이 있는가?
결과가 언제 올지, 얼마나 오래 걸릴지, 그 과정에서 무슨 일이 벌어

질지에 상관없이 확고하게 선택하고 밀고 나간 경험 말이다. 만약 없다면 당신은 아직 전전두엽의 진짜 힘을 경험하지 못한 것이다. 영웅은 타고나는 것이 아니라 결단에서 시작된다.

지금 이 순간에도 뇌는 변화하고 있다. 이 글을 읽으면서도 새로운 신경 연결이 만들어지고 있다. 문제는 그 변화가 어느 방향으로 일어나고 있느냐다. 과거의 걱정과 불안을 반복한다면, 그에 해당하는 회로가 강화될 것이다. 하지만 원하는 미래의 모습을 생생하게 연습한다면, 그 미래를 실현하는 신경망이 구축될 것이다.

당신은 지금 선택한다. 과거의 회로를 반복할 것인가, 새로운 회로를 구축할 것인가? 뇌는 이미 변화하고 있다. 방향만 정하면 된다. 생각의 힘으로 뇌를 바꾸고, 바뀐 뇌로 새로운 현실을 창조하라. 여정은 바로 지금, 이 순간부터 시작된다.

새로운 나를 설계하는
전두엽의 힘

인간의 뇌에서 가장 최근에 진화한 부위가 전두엽이다. 이곳은 뇌의 최고경영자라 할 수 있으며, 우리를 단순한 본능의 동물에서 의식적인 창조자로 만드는 핵심 영역이다. 전두엽의 가장 중요한 기능은 크게 3가지로 요약된다. 이 3가지 능력은 인간이 과거에 얽매이지 않고 새로운 미래를 창조하는 데 필수적인 역할을 한다.

자신을 관찰하는 메타 인지 능력

'메타 인지'란 자기 자신을 알아차릴 수 있는 능력이다. 자신의 생각과 자아를 관찰하는 이 능력 덕분에 우리는 더 이상 생각하고 싶지 않은 것, 느끼고 싶지 않은 것, 행동하고 싶지 않은 것을 멈추기로 결정할 수 있다.

이것은 단순히 생각을 인식하는 것을 넘어선다. 생각하는 자신을 바라보는 것이다. 분노에 휩싸인 자신을 객관적으로 관찰하고, 두려움에 떨고 있는 자신을 인식하며, 습관적으로 반복되는 사고 패턴을 알아차리는 능력이다.

새로운 자신을 창조하려면 먼저 과거의 자기 모습에서 벗어나야 한다. 메타 인지는 이 과정의 첫 단계다. 우리가 주의를 집중하는 곳에 에너지가 흐른다. 새로운 삶을 살고 싶다면 그동안 무엇에 집중하며 살아왔는지 검토해야 한다.

진정으로 변화된 현실을 원한다면 현재 자신의 성격을 샅샅이 관찰해야 한다. 성격은 무의식의 차원에서 자동 프로그램처럼 작동한다. 이전에는 알아차리지 못했던 마음속 요소들까지 살펴보지 않으면 안된다. 무의식적인 생각, 반사적인 행동, 자동적인 감정 반응을 주의 깊게 관찰해야 한다.

마음과 몸의 무의식적인 상태를 관찰하기 위해서는 의지와 의도를 갖고 명료하게 깨어 있어야 한다. 명료하게 깨어 있으면 주의력이 높아지고, 알아차림이 깊어진다. 관찰을 계속하면 무의식적인 마음 상태가 의식의 빛 속으로 점점 더 깨어나게 된다. 이런 자기관찰의 목적은 경험하고 싶지 않은 생각이나 행동, 감정을 더 이상 자신도 모르게 되풀이하지 않기 위함이다.

과거의 존재 상태에서 벗어나려는 노력을 계속하면 뇌에서 물리적 변화가 일어난다. 과거의 성격과 연결된 신경망이 약해진다. 그 회로를 더 이상 사용하지 않기 때문이다. 뇌는 사용하지 않는 회로를 제거한다. 과거의 자아와 연결된 신경망은 점점 약화되면서 사라진다.

자신의 과거 패턴을 알아차리는 능력이 커질수록 우리는 더욱 의식적인 존재가 된다. 무의식적으로 반복하던 것들을 의식적으로 선택할 수 있게 된다. 과거와 똑같은 성격으로 다른 현실을 창조하는 것은 불가능하다. 변화된 현실을 원한다면 변화된 사람이 되어야 한다. 메타 인지는 과거로부터 미래로 옮겨가기 위한 첫 번째 관문이다.

새로운 마음을 만드는 창조 능력

전두엽의 두 번째 핵심 능력은 새로운 마음을 창조하는 것이다. 오랫동안 굳어진 뇌의 신경망에서 벗어나 새롭게 회로를 재배열하는 능력이다. 이때 우리는 중요한 질문을 던질 수 있다. 내가 진정으로 원하는 것이 무엇인지, 어떤 모습으로 살기 원하는지, 무엇을 변화시키고 싶은지.

전두엽은 뇌의 모든 부분과 연결되어 있다. 모든 신경망을 검색해 지식과 경험의 네트워크 형태로 된 정보 조각들을 완벽히 이어 맞출 수 있다. 전두엽은 그 가운데 일부 신경망들을 고른 뒤 다양한 방식으로 결합시켜 새로운 마음을 창조한다.

그 과정에서 전두엽은 일종의 모델 또는 내적인 표현을 의도한 그림의 형태로 창조해 낸다. 당연히 더 많은 지식을 쌓을수록 신경망의 연결은 다양해진다. 더 복잡하고 세밀한 모형들을 꿈꿀 수 있게 된다. 이런 창조의 단계를 시작하기 위해서는 경이와 가능성, 탐구, 성찰 등에 자신을 열어놓고 중요한 질문을 던질 필요가 있다. 정답을 정해두지 않은 질문은 의식의 흐름을 활발히 하는 데 최고의 접근법이다.

나는 무엇을 하고 싶은가? 내가 원하는 사람이라면 어떻게 이 현실을 살아갈까? 이와 같은 질문에 대한 대답을 통해 자연스럽게 새로운 마음이 형성된다. 진심으로 답을 찾을수록 뇌는 다른 방식으로 작동하기 시작한다. 변화된 존재 방식을 마음속으로 연습하기 시작하면, 우리는 신경학적으로 새로운 마음과 다시 연결된다.

먼저 자신이 원하는 미래에 대한 지식으로 뇌를 채운다. 원하는 미래에 대한 정보를 접할 때마다 뇌에서는 물리적 변화가 일어난다. 지식이 쌓일수록 뉴런과 뉴런 사이의 시냅스 연결은 더욱 촘촘해진다. 앞서 설명한 신경 가소성의 원리대로, 새로운 신경망이 강화될수록 과거의 신경망은 약해진다. 결국 새로운 지식이 옛 성격을 밀어내고, 과거의 자아가 설 자리가 점점 좁아진다.

우리가 현재 어떤 상황에 있든 결심의 순간 전두엽에서는 가장 위대한 일이 일어난다. 변화된 모습이 되기로 확고히 결심할 때, 그 과정이 시작된다. 그 과정이 얼마나 오래 걸릴지, 어떤 일이 벌어질지, 몸이 어떤 느낌일지는 중요하지 않다. 전두엽은 그 결심을 실제 행동으로 옮기도록 우리를 돕는다.

상상하고 몰입할 수 있는 능력

창조의 과정에서 전두엽의 세 번째 중요한 역할은 생생하게 상상하고 몰입할 수 있는 능력이다. 이 능력이야말로 인간을 다른 동물과 구별 짓는 결정적 특징이다. 몰입 상태에 있을 때 전두엽은 고도로 활성화되면서 다른 뇌 회로들의 활동을 잠잠하게 만든다. 집중하고 있는 1가지 생각만 처리하기 위해서다.

이때 감각, 시간, 자아에 대한 인식이 사라진다. 오직 생각만이 존재하는 순수한 의식 상태가 된다. 이처럼 감각, 운동, 시간, 자아 정체성을 담당하는 뇌의 영역들이 잠잠해져 에고도, 자아도 없는 상태로 돌입한 것이 곧 창조의 몰입 상태다.

그렇게 몰입한 상황에서는 생각이 곧 현실이 되고 경험이 된다. 그순간 생각하는 것이 무엇이건 그것은 모두 전두엽이 처리한다. 전두엽은 뇌의 다른 영역의 볼륨을 낮추어 방해되는 모든 것들을 차단시킨다. 그 순간 우리는 더 이상 외부 세계나 몸의 느낌에 신경 쓰지 않게 된다. 우리는 자신이 원하는 이상과 하나가 되는 것이다. 어떤 결과를 불러올지 상관없이 확고한 선택을 할 때 전두엽은 완전히 활성화된다.

그 결과 내부의 생각 세계가 외부의 현실 세계만큼이나 생생하게 느껴진다. 이 생각들은 신경망에 기록되어 뇌 속에 하나의 경험으로 저장된다. 만약 창조의 몰입 과정을 제대로 실행한다면, 이 경험은 감정을 만들어낼 것이고 우리는 그 사건이 실제로 지금 막 일어난 것처럼 느끼게 될 것이다. 이제 우리는 새로운 존재 상태에 있다. 이 순간에 우리는 몸을 변화된 마음에 연결해 잠재의식 속의 프로그램을 다시 재설정한다.

메타 인지로 과거를 관찰하고, 창조 능력으로 미래를 설계하며, 몰입으로 그것을 현실화한다. 이 3가지가 동시에 작동할 때 진정한 변화가 일어난다. 중요한 것은 전두엽을 얼마나 자주, 얼마나 의도적으로 사용하느냐다. 지금 이 순간부터 시작하라. 전두엽이 깨어나는 순간, 당신은 더 이상 과거의 프로그램에 갇힌 존재가 아니다. 미래를 창조하는 설계자가 된다.

창조성을 높이는
뇌파 조절법

매일 아침 눈을 뜨는 순간부터 밤에 잠들 때까지, 우리의 뇌는 쉼 없이 전기적 신호를 만들어낸다. 마치 오케스트라가 다양한 악기로 서로 다른 멜로디를 연주하듯이 말이다. 우리 뇌의 신경세포들은 상황에 따라 각기 다른 주파수의 파동을 생성한다. 이것이 바로 뇌파다.

만약 우리가 생각과 감정을 말이나 글이 아닌, 뇌의 언어로 직접 표현할 수 있다면 어떨까? 기쁠 때, 슬플 때, 불안할 때, 그리고 깊은 평화를 느낄 때 우리 뇌가 보내는 신호를 눈으로 볼 수 있다면 너무 좋지 않겠는가. 현대 뇌과학은 이미 그것을 가능하게 만들었다. 뇌파 분석을 통해 우리는 의식 상태의 변화를 실시간으로 관찰할 수 있게 된 것이다.

일상을 지배하는 뇌파, 베타파

우리가 깨어서 활동하는 대부분의 시간 동안, 뇌는 '베타파' 상태에 머물러 있다. 초당 13회에서 30회 정도 진동하는 이 뇌파는 우리가 외부 세계와 활발하게 상호작용할 때 나타난다.

베타파는 3가지 영역으로 나뉜다. '저베타파'는 책을 읽거나 친구와 편안하게 대화를 나눌 때처럼 이완되어 있지만 깨어 있는 상태에서 나온다. '중베타파'는 새로운 사람들 앞에서 발표를 하거나 중요한 업무를 처리할 때처럼 약간의 긴장감이 있는 상태에서 나온다. 적당한 각성은 우리의 수행 능력을 높여준다.

문제는 '고베타파' 영역이다. 이 상태에서 우리는 스트레스 호르몬에 압도당한다. 분노, 불안, 좌절, 우울감 같은 생존 감정들이 지배하는 이 영역의 진동수는 저베타파보다 세 배 이상 빠르다. 현대인들이 겪는 많은 심리적 문제는 고베타파 상태에 너무 오래 머물러 있기 때문에 발생한다. 마음은 수축하고, 시야는 좁아지며, 우리는 진정한 자신이 아닌 에고의 지배를 받게 된다.

내면으로 향하는 문, 알파파

눈을 감고 깊게 호흡하면 뇌파는 자연스럽게 느려진다. '알파파' 상태로 진입하는 것이다. 이 상태에서 우리는 더 이상 외부 세계에 집중하지 않는다. 마음은 고요해지고, 긴장은 풀리며, 창조적이고 직관적인 능력이 깨어난다.

알파파는 뇌파 스펙트럼의 한가운데 위치하면서 높은 주파수와 낮은 주파수를 연결하는 다리 역할을 한다. 의식적인 마음과 무의식의 지혜를 이어주는 통로인 것이다.

알파파 상태에서는 세로토닌 분비가 촉진되어 기분이 좋아지고, 유전자 발현이 활성화되어 뇌가 최상의 수행 능력을 발휘한다. 우리가 백일몽을 꾸거나 멍하니 창밖을 바라볼 때, 뇌는 실은 휴식을 취하면서 동시에 중요한 작업을 수행하고 있다.

창조성의 원천, 세타파

'세타파'는 몸은 잠들기 시작하지만 정신은 여전히 깨어 있는 몽롱한 상태에서 나타난다. 깊은 명상에 빠진 수행자들에게서 자주 관찰되는 이 뇌파는 창조성과 깊은 관련이 있다.

세타파 상태로 들어가면 에고의 작용이 멈추기 시작한다. 마음의 방향이 내면을 향하면서 우리는 진정한 자아를 경험한다. 이때 놀라운 일이 벌어진다. 평소에는 생각하지 못했던 참신한 아이디어들이 샘솟기 시작하는 것이다.

많은 창조적 천재들이 아침에 막 일어났을 때나 잠들기 직전에 영감을 얻었다고 말한다. 막 잠에서 깨어나거나 잠들기 직전, 우리의 뇌파는 자연스럽게 세타파 영역을 통과한다. 이 순간 잠재의식의 문이 열리고, 평소에는 억눌려 있던 창조적 에너지가 분출된다.

치유와 재생의 시간, 델타파

'델타파'는 뇌파 중 가장 느린 주파수로 깊은 수면 상태에서 나타난다. 하루 동안 지친 뇌를 회복시키고, 기억을 정리하며, 학습 능력을 높이는 중요한 작업이 이 시간에 이루어진다.

최근 연구들은 델타파의 놀라운 기능을 계속 밝혀내고 있다. 보스턴 대학 연구팀은 깊은 수면 중에 뇌척수액이 뇌 곳곳을 흐르면서 신경세포 활동으로 쌓인 노폐물을 청소한다는 것을 발견했다. 특히 치매의 주요 원인 물질로 알려진 베타-아밀로이드를 제거하는 것으로 밝혀졌다.

델타파는 신경세포 재생을 자극하고, 노화 방지에 핵심적인 역할을 하는 텔로미어를 보호하는 효소의 생산을 촉진하는 것으로 밝혀졌다. 이 메커니즘은 충분한 깊은 수면이 건강과 장수의 비결인 이유를 설명한다.

초의식과 통합의 순간, 감마파

'감마파'는 가장 최근에 발견된 뇌파로, 초당 25회에서 100회를 넘어서는 매우 빠른 진동수를 보인다. 어린아이들이 놀이에 완전히 빠져들었을 때, 예술가가 창작에 몰입했을 때, 어려운 문제의 해답이 갑자기 떠올랐을 때 나타나는 뇌파다.

감마파는 뇌의 모든 부위로부터 오는 정보를 동기화하고 통합하는 역할을 한다. 연구자들은 통찰을 얻기 직전에 뇌에서 감마파가 갑자기 나타나는 현상을 발견했다. 감마파는 세타파와 결합하여 나타나는데, 이는 깊은 이완 속에서 최고의 각성이 일어난다는 것을 의미한다.

티벳 불교 수행자들을 대상으로 한 연구에서는 오랜 수행을 통해 감마파를 자유자재로 만들어낼 수 있는 능력이 개발된다는 것이 밝혀졌다. 이들의 뇌에서는 대뇌피질의 광범위한 영역에서 강력한 감마파가 측정되었다.

명상, 뇌파를 바꾸는 가장 효과적인 방법

그렇다면 우리는 어떻게 뇌파를 의도적으로 바꿀 수 있을까? 가장 효과적인 방법은 명상이다.

현대 과학은 오래된 명상 전통이 옳았음을 증명하고 있다. 의식을 내면으로 돌리고, 마음을 고요히 하며, 깊은 이완 속으로 들어가는 것. 이것이 단순히 휴식을 넘어서 우리의 뇌를 재프로그래밍하고, 창조적 잠재력을 깨우며, 치유와 재생을 촉진하는 강력한 도구라는 것을 이제 우리는 안다.

잠들 때 우리는 베타파에서 알파파, 세타파, 델타파로 자연스럽게 이동하며, 아침에 깨어날 때는 그 역순을 밟는다. 따라서 잠들기 직전과 막 일어났을 때가 명상하기 가장 좋은 시간이다. 이 시간대는 잠재의식으로 향하는 문이 열려 있는 순간이다.

규칙적인 명상 수련을 통해 우리는 깨어 있는 상태에서도 알파파, 세타파, 심지어 델타파 상태로 들어갈 수 있는 능력을 기를 수 있다. 이는 단순히 이완을 넘어서 창조성을 높이고, 통찰력을 개발하며, 치유 능력을 활성화하는 것을 의미한다.

중요한 것은 무언가를 빨리 달성해야 한다는 생각에서 벗어나는 것이다. 고베타파 상태에서는 창조적 에너지에 접근할 수 없다. 오히려 몸과 마음에 휴식을 취해야 한다. 고민과 생각의 스위치를 잠시 꺼버릴 때, 우리는 새로운 가능성의 세계를 경험한다.

당신의 뇌는 오케스트라와 같다. 뇌파는 우리 의식 상태의 음악이다. 하루 종일 긴장되고 빠른 리듬만 연주할 것인가, 아니면 때로는 느리고 깊은 선율도 함께 연주할 것인가? 선택은 우리의 몫이다.

매일 아침 눈을 뜰 때, 그리고 밤에 잠들기 전에, 잠시 시간을 내어 당신의 뇌파를 조율해 보라. 그것은 당신의 의식을 확장시키고, 삶의 질을 높인다. 꾸준한 명상은 진정한 자신과 만나는 여정이다.

오픈 포커스,
공간을 상상하라

이 글을 읽는 지금 이 순간, 당신의 주의는 어디에 있는가? 아마도 종이 위의 글자에 집중하고 있을 것이다. 주변의 소리는 들리지 않고, 의자에 닿은 몸의 감각도 의식하지 못한 채, 오직 이 문장들만이 당신의 의식을 채우고 있다.

이것이 현대인의 일상적인 의식 상태다. 우리는 하루 종일 무언가에 집중하고, 집중하고, 또 집중한다. 직장에서는 컴퓨터 모니터에, 출퇴근길에는 스마트폰에, 집에 돌아와서도 TV나 각종 SNS에 시선을 고정한다. 마치 의식의 스포트라이트가 단 하나의 작은 점만을 비추는 것처럼.

그런데 프린스턴 바이오피드백 센터의 레스 페미 박사는 지난 40

년간의 뇌파 연구를 통해 놀라운 사실을 발견했다. 우리가 주의를 기울이는 방식을 바꾸는 것만으로도 뇌파가 변화하고, 신경계가 정상화되며, 삶의 질이 획기적으로 높아진다는 것이다. 그가 개발한 '오픈 포커스' 기법은 주의력 사용법에 대한 근본적인 질문을 던진다.

좁은 주의에 갇히다

인류는 진화 과정에서 생존을 위해 '좁은 주의' 방식을 발달시켰다. 사자가 갑자기 나타났을 때, 독이 든 열매를 구별해야 할 때, 사냥감을 추적할 때, 우리의 조상들은 하나의 중요한 대상에만 온 신경을 집중해야 했다. 이런 집중 방식을 심리학에서는 '좁은 대상형 주의'라고 부른다.

좁은 주의는 하나의 대상만을 인식의 전경으로 끌어올리고, 그 밖의 모든 자극은 배경으로 물러나게 만든다. 마치 데이트 중인 남자에게 여자 친구만 보이고 지나가는 사람들은 눈에 들어오지 않는 것처럼 말이다. 이 방식 자체에는 아무런 문제가 없다. 문제는 우리가 이 좁은 집중 방식에 지나치게 의존하고 있다는 것이다.

아침에 눈을 뜨는 순간부터 잠들 때까지 우리는 끊임없이 무언가에 주의를 빼앗긴다. 이메일, 업무, 소셜미디어, 뉴스, 쇼핑 목록, 내일의 일정 등등. 외부의 물질세계가 우리 의식의 대부분을 차지한다. 그 결과 우리의 신경계는 늘 긴장 상태에 있고, 뇌파는 빠른 베타파 영역에 고착되며, 스트레스와 불안이 일상이 된다.

공간, 그 혁명적인 발견

레스 페미 박사는 실험 참가자들이 자신의 뇌파를 스스로 조절할 수 있다는 것을 증명했다. 컴퓨터 화면에 표시되는 뇌파를 보면서 실험 참가자들은 다양한 방법으로 뇌파를 변화시키려 시도했다. 그러던 중 우연히 결정적인 발견을 하게 된다. 실험 참가자들에게 특정한 질문을 던졌을 때였다.

"당신의 두 귀 사이의 공간을 상상할 수 있나요?"

이와 같은 '빈 공간'에 관한 질문을 받자, 실험 참가자들의 뇌에서는 거의 언제나 알파파가 급격하게 증가했다. 아무것도 없는 빈 공간, 즉 '무(無)'에 주의를 기울이는 것이 누구에게나 유의미한 수준의 알파

파를 만들어내는 가장 빠르고 효과적인 방법이라는 사실을 밝혀낸 것
이다.

이것은 혁명적인 발견이었다. 우리가 무언가를 하거나 특정 대상에
집중하는 것이 아니라, 반대로 아무것도 없는 공간을 인식하는 것만
으로도 뇌의 상태가 극적으로 변화한다는 의미였기 때문이다.

'무(無)'라는 개념은 동양 철학에서 오랫동안 중요하게 다뤄져 왔다.
그런데 현대 뇌과학은 이제 과학적 방법으로 그것의 힘을 증명하고
있다. 무는 단지 아무것도 없는 상태가 아니다. 오히려 그것은 강력하
고 뛰어난 치료제이며, 신경계의 건강과 항상성에 필수적인 요소다.

'오픈 포커스'에서 말하는 공간은 단순히 물리적인 빈 곳을 의미하
지 않는다. 그것은 우리가 지금 이 순간 안팎으로 차지하고 있는 모든
차원의 공간을 포함한다.

외부 공간은 지금 앉아 있는 방, 그 방 너머의 복도, 건물, 거리, 도
시, 그리고 하늘까지 우리를 둘러싼 모든 공간이다. 내부 공간은 우
리 몸속의 공간, 가슴과 배 안의 공간, 관절 사이의 공간, 그리고 더
나아가 감정이 차지하는 공간과 생각이 펼쳐지는 공간까지 우리의 내

면을 채우고 있는 모든 차원의 공간이다.

공간에 주의를 기울일 때는 어떤 일이 벌어질까? 뇌는 쉬기 시작한다. 처리해야 할 특정 정보가 없기 때문이다. 하지만 동시에 뇌는 깨어 있다. 의식은 명료하고 또렷하다. 이것이 알파파 상태의 특징이다. 깨어 있으면서도 이완된 상태, 각성과 휴식이 공존하는 역설적인 상태다.

공간을 인식하는 것은 쥐고 있던 것을 내려놓는 가장 강력한 방법이다. 우리가 무언가를 꽉 쥐고 있을 때 손은 긴장하고 경직된다. 하지만 손을 펴고 내려놓으면 즉시 이완이 일어난다. 의식도 마찬가지다. 특정 대상에 집착하지 않고 공간을 인식할 때 의식은 자연스럽게 이완되고 확장된다.

우주비행사들이 경험하는 '조망 효과'가 이를 극적으로 보여준다. 우주선 창밖으로 지구 전체를 바라볼 때, 그들의 관점은 완전히 바뀐다. 지구는 예상보다 훨씬 작아 보이고, 그 위에서 벌어지는 전쟁과 갈등이 갑자기 무의미하게 느껴진다. 국경선은 보이지 않고, 인종도 종교도 구별되지 않는다. 많은 우주비행사들이 지구로 돌아온 후 더 겸손해지고, 더 감사하게 되며, 더 평화로운 시각을 갖게 되었다고 보고한다.

우리는 굳이 우주로 나갈 필요가 없다. 오픈 포커스를 통해 일상에서도 비슷한 관점의 전환을 경험할 수 있다. 좁은 초점에서 넓은 초점으로, 사물에서 공간으로, 부분에서 전체로 의식을 이동시킬 때, 우리는 미시적 관점과 거시적 관점을 자유롭게 오갈 수 있게 된다.

집중과 이완, 몰입의 자유

오픈 포커스를 익히면 우리는 집중과 이완, 몰입 상태를 자유롭게 넘나들 수 있게 된다. 필요할 때는 레이저처럼 날카롭게 집중하고, 어떨 때는 투광등처럼 넓게 주변을 인식한다. 상황에 따라 적절한 주의 방식을 선택할 수 있는 유연성을 갖게 되는 것이다. 일상에서 이를 적용해 보면 오픈 포커스의 힘이 강력하다는 것을 알게 된다.

회의 중 상대방과 대화할 때를 생각해 보라. 그의 얼굴만 보지 말고, 그 주변의 공간, 그와 당신 사이의 공간까지 인식하라. 대화의 질이 달라진다. 상대방의 말에 더 깊이 귀 기울이게 되고, 당신의 반응은 더 차분해진다. 공간을 인식하면 상대방을 압박하는 에너지가 사라지고, 대신 여유가 생긴다.

걱정거리에 온 신경이 집중되어 있을 때, 의식적으로 초점을 넓혀보라. 그 생각 주변의 공간, 그 감정이 차지하는 공간을 느껴보라. 문제는 그대로 있지만 그것을 바라보는 관점이 바뀐다. 문제가 작아지고, 당신의 존재는 더 커진다. 갑자기 숨 쉴 공간이 생긴다. 문제들은 여전히 존재하지만, 그것들 사이에 공간이 있다는 것을 발견한다. 그 공간에서 우리는 다시 호흡하고, 재정비하며, 새로운 관점을 얻을 수 있다.

인간이 가진 가장 위대한 도구는 주의력이다. 우리가 무엇에 주의를 기울이는가에 따라 그것이 우리의 현실이 된다. 문제에 집중하면 문제가 커지고, 가능성에 주의를 기울이면 가능성이 펼쳐진다. 좁은 초점 속에서 우리는 자신을 작고 제한된 존재로 경험한다. 하지만 공간을 인식하기 시작하면 의식이 확장되는 것을 느낀다. 나는 이 몸에 갇힌 작은 존재가 아니라, 공간과 하나 된 광대한 의식이라는 것을 체험적으로 알게 된다.

공간 인식은 처음에는 낯설다. "공간을 느낀다는 게 도대체 무슨 의미인가?"라는 의문이 들 수도 있다. 하지만 지속적으로 노력하면 가능해진다. 공간은 실제로 존재하며 그것을 인식하는 것 또한 가능하다. 그 인식이 모든 것을 바꾼다. 뇌파가 변하고, 신경계가 진정되며, 의식이 확장된다. 삶을 경험하는 방식 자체가 달라진다.

지금 이 순간부터 공간을 상상하라. '오픈 포커스'는 기술이 아니라 선택이다. 좁은 초점에서 넓은 인식으로, 긴장에서 이완으로, 제한된 자아에서 확장된 의식으로. 그 선택이 당신의 삶을 바꾼다.

내 안의 놀라운
나와 연결하라!

뇌의 회로가 최적화되었다면, 이제 더 깊은 차원의 놀라운 자신과 만날 준비가 된다. 이 장에서는 표면적 자아 너머에 존재하는 초의식과 연결되는 경험을 탐구한다. 직관과 느낌, 감사와 같은 내면의 자원이 어떻게 삶의 방향을 결정하는지 그 작동 원리를 밝혀낸다.

나를 이끌어 주는
또 다른 힘

"심장은 단지 혈액을 펌프질하는 기관이다." 우리 대부분이 학교에서 배운 내용이다. 생각하고 결정하고 판단하는 것은 오직 두뇌의 역할이라고 배웠다. 하지만 최근의 과학적 발견들은 이러한 상식을 완전히 뒤집고 있다.

1991년, 앤드류 아머 박사의 연구는 심장이 자신만의 지성을 가지고 있다는 것을 증명했다. 심장에는 두뇌와 독립적으로 작동하는 약 4만 개의 신경세포로 이루어진 신경 체계가 존재한다. 과학자들은 이것을 '심장 속의 작은 뇌'라고 부른다.

이 발견은 너무나 혁명적이었다. 이후 '심장 신경학'이라는 완전히 새로운 과학 분야가 탄생했을 정도다. 심장은 단순한 펌프가 아니었다. 그것은 생각하고 느끼고 기억하는, 또 하나의 지성이었다.

가슴 속에서 하루 10만 번 뛰는 심장. 당신이 잠들어도 멈추지 않는다. 당신은 망각해도 심장은 기억한다. 두뇌와의 신경 연결이 끊겨도 박동은 계속된다. 마치 생명이 두뇌가 아니라 심장에서 시작되는 것처럼.

심장은 당신보다 먼저 안다. 눈이 위협을 인식하기 전에, 심장은 이미 뛰고 있다. 누군가를 사랑했던 그 순간, 모든 것을 잃고 무너졌던 그 순간까지도 심장은 기억한다. 트라우마를 겪었다면 그것은 두뇌와 심장 모두에 저장된다. 그런데 우리가 그 트라우마를 치유하려 할 때 오직 머리로만 접근한다면 어떻게 될까. 치유는 불완전하다. 머리에서 일어난 것만 다루었을 뿐, 심장에서 일어난 것은 건드리지 않았기 때문이다.

"머리로는 알지만 가슴이 받아들이지 못한다." 우리가 일상적으로 쓰는 이 말은 단순한 비유가 아니다. 두 개의 다른 지성 시스템이 실제로 존재한다는 과학적 사실을 반영하는 것이다. 우리 모두는 인생에서 답을 알 수 없는 순간들을 경험한다. 물어볼 사람도 없고, 모든 사람이 다른 답을 주며, 인터넷에서도 찾을 수 없는 그런 순간들. 하지만 걱정할 필요가 없다. 답은 항상 여기, 심장에 있다.

위기의 순간, 심장은 알고 있다

한 남성이 들려준 실제 경험담이다. 2001년 9월 11일, 그는 호주 공항에서 발이 묶여 있었다. 비행기가 다시 운항하기 시작했을 때, 시드니에서 미국으로 가는 보잉 747기에 탑승하는 승객은 20명도 되지 않았다.

탑승 게이트에서 항공사 직원이 말했다. "승객이 너무 적어서 순서대로 탑승하지 않겠습니다. 미국에 가고 싶으면 탑승하세요." 그녀의 목소리는 전혀 안심이 되지 않았다. "미국에서 무슨 일이 일어났는지 모르겠어요. 다시 일어날지 끝났는지 모르지만, 타고 싶으면 비행기에 타세요."

그는 잠시 생각해 보겠다고 하고 구석으로 물러났다. 그리고 손을 심장에 갖다 댔다. 손으로 심장을 만지면 의식은 자연스럽게 그곳으로 향한다. 심장 중심으로 주의를 가져오고, 평소보다 조금 느리게 호흡하면 몸에 신호가 전달된다. 안전하다고 느껴질 때 스위치가 전

환된다. 스트레스 화학물질이 멈추고, 재생과 치유의 화학물질이 활
성화된다.

그는 심장에 물었다. "이 비행은 나에게 안전한가?" 만약 머리에게
물었다면 달랐을 것이다. 두뇌는 양극성 기관이다. 옳고 그름, 좋고
나쁨, 성공과 실패. 스트레스 속에서 두뇌에게 질문하면 논리와 에고
의 순환 고리에 갇혀 답을 찾지 못한다. 하지만 심장은 다르다. 심장
은 양극성 기관이 아니다. 그래서 그 순환 고리에서 벗어날 수 있다.
심장은 당신을 아주 잘 안다. 오랫동안 당신과 함께 있었으니까.

그의 심장이 말했다. 신비로운 느낌이 아니라 명확한 앎이었다. 다
른 사람들은 두려워했다. 하지만 그는 안전한 비행이라고 느꼈다. 비
행기를 탔고, LA로 돌아왔다.

당신의 신성이 머무는 곳

고대 인도의 『우파니샤드』에는 아름다운 대화가 나온다. 제자가 스
승에게 묻는다. "육체는 신성이 머물고 있는 성전이라고 했습니다.
이 성전 안에 심장이 있고, 그 안에 다시 작은 공간이 있다고 했습니

다. 그 작은 공간 안에는 과연 무엇이 있습니까?”

스승은 이렇게 대답한다. “저 허공이 무한하듯 심장 안의 공간도 무한하다. 저 하늘과 이 땅은 모두 이 심장 속 공간 안에 들어 있다. 불과 바람, 해와 달, 번갯불과 별이 모두 이 심장 속 공간 안에 들어 있다. 지금 이 세상에 있는 것과 아직 없는 것조차도 모두 이 속에 들어 있다.”

심장 속의 무한한 공간. 이것은 시적 은유가 아니다. 그것은 심장이 단순한 신체 기관을 넘어서는 존재라는 깊은 통찰이다. 심장은 영혼이 머무는 자리이고, 신성이 발현되는 곳이며, 이원성이 통합되는 공간이다.

현대 문명은 우리를 머릿속에 살게 했다. 생각하고, 분석하고, 계산하고, 계획하는 것. 이것이 전부인 것처럼 말이다. 하지만 그것은 우리 존재의 절반에 불과하다. 머리는 이성의 영역이고, 생각의 영역이며, 이원성의 부분 의식이다. 과거나 미래에 머물며, 분열하고, 환영을 만든다.

반면 가슴은 영성의 영역이고, 느낌의 영역이며, 일원성의 전체 의식이다. 현재 지금 여기에 머물며, 합일하고, 실존과 만난다. 진정한 지혜는 이 둘의 통합에서 나온다. 머리의 명료함과 가슴의 지혜가 만날 때 우리는 온전한 인간이 된다.

우리는 자신을 너무 작게 정의해왔다. 두개골 안의 뇌가 전부인 것처럼 말이다. 하지만 과학은 이제 고대의 지혜가 옳았음을 증명하고 있다. 우리 안에는 여러 차원의 지성이 있다. 초의식, 상위 자아, 영혼, 참나, 내면의 빛, 신성, 내 안에 잠든 거인 등등. 이름이 무엇이든 상관없다. 중요한 것은 그것이 실제로 존재한다는 것이고, 그것과 연결될 수 있다는 것이다. 그리고 그 연결의 가장 직접적인 통로가 바로 에고의 방해를 받지 않는 심장이다.

초의식과 연결되는 법

시대와 문화, 종교와 철학이 다르게 불러왔을 뿐 모두 같은 곳을 가리킨다. 당신 안에 존재하는 가장 높은 차원의 의식, 평소에는 잠들어 있지만 결코 사라지지 않는 그 무엇, 두려움과 제한을 넘어선 곳에 있는 당신의 본질 말이다.

불교는 그것을 '불성'이라 했고, 힌두교는 '아트만'이라 불렀다. 융은 '자기'라 명명했고, 그리스도교 신비가들은 '그리스도 의식'이라 표현했다. 수피들은 '신성한 사랑'이라 노래했고, 도가는 '본래면목'이라 가르쳤다. 언어는 달라도 본질은 하나다.

이것은 종교의 문제가 아니다. 신념의 문제도 아니다. 이것은 당신이라는 존재 상태에 관한 문제다. 당신 안에는 일상적 자아 너머에 시간과 공간을 초월한 의식의 층위가 존재한다. 그것은 태어나지도 죽지도 않고, 상처받지도 두려워하지도 않는다. 완전하고 자유롭고 무한하다. 이름이 중요한 것은 아니다. 당신이 그것을 무엇이라 부르든 그것은 이미 당신 안에서 당신을 기다리고 있다. 문제는 단 하나다. 당신은 그것과 만날 준비가 되었는가!

당신은 이미 그것을 경험했다. 다만 이름을 붙이지 않았을 뿐이다. 어느 순간, 몸이 깃털처럼 가벼워지고 마음이 수정처럼 투명해진 적이 있을 것이다. 세계의 중심에 서 있는 듯한 느낌, 불가능이란 단어가 사전에서 지워지는 순간, 모든 것이 선명하게 보이던 그 시간…. 바로 그때 당신은 자신의 가장 높은 차원과 접속하고 있었다.

붉게 물든 노을 앞에 멈춰 섰을 때, 산 정상에서 펼쳐진 풍경을 마주할 때, 혹은 파도 소리에 모든 생각이 멈출 때, 그 광활한 아름다움에 숨이 멎는 순간도 그렇다. 당신은 자연을 통해 자신의 초의식과 조우한다. 초의식은 멀리 있지 않다. 그것은 당신 안에서 적절한 조건이 갖춰질 때마다 깨어난다. 중요한 것은 그 순간을 알아차리는 것이다. 그리고 그것을 우연이 아닌 필연으로 만드는 방법을 익히는 것이다.

지금 당신은 무엇과 연결되어 있는가? 대부분의 시간 우리는 외부 세계와 연결되어 있다. 스마트폰, 뉴스, 소셜미디어, 다른 사람들의 의견 등등. 우리의 주의력은 끊임없이 외부를 향해 있다. 하지만 가끔은 방향을 내면으로 바꿔보라. 안으로 가슴 속 깊이! 그곳에 당신을 아주 잘 아는 내면의 지성이 당신을 기다리고 있다.

오늘부터 잠시 멈추고 심장에 손을 얹어보라. 호흡을 느리게 하고, 감사를 느끼며, 조용히 내면으로 들어가 보라. 처음에는 아무것도 들리지 않을 수 있다. 하지만 계속하다 보면 어느 순간 당신은 심장이 당신에게 말하고 있다는 것을 알게 될 것이다. 이제 진심으로 듣기 시작할 때다. 머리에서 가슴으로, 생각에서 느낌으로, 분열에서 통합으로. 그 여정은 지금 이미 시작되었다.

몸과 마음의
놀라운 기적의 힘

어떤 생각을 떠올리면 그 순간 몸에서는 새로운 호르몬이 순식간에 분비된다. 갑자기 내리치는 번개처럼 뇌에 전류가 밀려들고, 몸에서는 엄청난 양의 신경 화학물질이 방출된다. 의식적이든 무의식적이든 생각이 우리 몸에 반응을 일으킨다.

이것은 추상적인 비유가 아니다. 실제로 일어나는 생리적 현상이다. 공포스러운 생각을 하면 심장 박동이 빨라지고 아드레날린이 분비된다. 행복한 생각을 하면 세로토닌과 도파민이 방출된다. 스트레스를 받는다고 생각하면 코르티솔 수치가 올라간다. 사랑받는다고 느끼면 옥시토신이 흐른다. 생각이 화학물질을 만들고, 화학물질이 몸의 상태를 바꾼다. 그렇다면 질문이 생긴다. 생각만으로 질병을 치유할 수 있을까? 답은 놀랍게도 '그렇다'이다. 수많은 사례가 이를 증명한다.

플라시보, 믿음이 만든 기적

미국에서 일어난 실화다. 라이트라는 남성은 엄청나게 큰 종양들을 갖고 있었다. 목, 사타구니, 겨드랑이 등에 있는 일부 종양은 거의 오렌지 크기만 했으며 일반적인 치료로는 아무 효과가 없었다. 의사들은 그에게 몇 주밖에 살지 못할 것이라고 말했다.

그때 크레비오젠이라는 신약에 대한 소식이 들렸다. 기적의 치료제라는 소문이었다. 라이트는 의사에게 그 신약을 자신에게 투여해달라고 끈질기게 간청했다. 의사는 마지못해 그 요청을 들어주었다. 결과는 놀라웠다. 열흘 만에 라이트는 완전히 회복되어 퇴원했다. 오렌지 크기의 종양들이 사라졌다.

몇 달 후, 크레비오젠 신약 실험이 아무 효과도 없다는 언론 보도가 나왔다. 라이트는 그 뉴스를 들었다. 그러자 종양들이 되돌아왔다. 라이트의 의사는 흥미로운 실험을 결정했다. 그는 라이트에게 말했다. "언론 보도는 잘못된 것입니다. 우리는 이제 두 배로 강력한 새로운 버전의 크레비오젠을 갖고 있습니다." 실제로는 단순한 증류수였다. 플라시보였다. 라이트의 종양들은 또다시 기적처럼 사라졌다.

다시 몇 달이 흘렀다. 미국의학협회가 크레비오젠이 사기이고 정말로 무익하다는 공식 발표를 했다. 라이트는 절망한 상태로 입원했고, 이틀 후 사망했다.

정형외과 의사인 브루스 모슬리는 무릎 관절염 환자들을 대상으로 한 연구를 발표했다. 한 그룹은 실제 무릎 수술을 받았다. 다른 그룹은 가짜 수술을 받았다. 가짜 수술이란 피부만 약간 절개했다 봉합한 것이다. 실제로 무릎 관절은 전혀 건드리지 않았다. 결과는 충격적이었다. 가짜 수술을 받은 환자들도 실제 수술을 받은 환자들만큼 통증이 감소했고, 무릎 기능이 개선되었다.

플라시보 효과는 단순한 심리적 위안이 아니다. 실제 생리적 변화를 일으킨다. 뇌 스캔 연구는 플라시보가 실제 약물과 같은 뇌 영역을 활성화시킨다는 것을 보여준다. 신경전달물질이 방출되고, 통증 경로가 차단되며, 염증이 감소한다. 확신은 생물학을 바꾼다.

노시보, 믿음이 만든 죽음

반데스라는 젊은 남성의 이야기가 있다. 그는 부두교 사제와 갈등이 있었다. 부두교는 마법 등의 주술적인 힘을 믿는 종교다. 사제는 "너는 곧 죽을 것이다."라고 그를 저주했다. 반데스는 건강했다. 아무 병도 없었다. 그러나 저주를 받은 후, 급속도로 쇠약해지기 시작했다. 먹지도 마시지도 못했다. 결국 몇 주 만에 그는 죽었다. 부검 결과 사망 원인을 찾을 수 없었다. 그는 죽을 것이라고 확신했기 때문에 죽음에 이르렀다.

노시보 효과는 플라시보의 어두운 쌍둥이다. 극도의 두려움과 절망 상태에서 신체는 극심한 스트레스 반응을 보인다. 코르티솔과 아드레날린이 지속적으로 분비되면서 면역 체계는 억제되고 염증은 증가한다.

교감신경계가 장기간 활성화되면 심장에 치명적인 부담을 준다. 혈압이 상승하고 심박수가 불규칙해진다. 반데스의 경우, 절대적인 죽음의 확신이 실제로 심장 부정맥을 유발했을 가능성이 크다. 의학적으로는 '부두 죽음'으로 불리는 현상이다.

플라시보와 노시보는 동전의 양면이다. 둘 다 믿음의 힘을 보여준다. 좋아질 것이라고 확신하면 실제로 좋아진다. 나빠질 것이라고 확신하면 실제로 나빠진다.

문제는 우리가 대부분 무의식적으로 부정적인 확신을 선택한다는 것이다. 과거의 경험, 다른 사람들의 말, 사회의 기대, 의료계의 선언들이 우리의 확신을 형성한다. 의사들은 종종 이렇게 말한다. "당신 나이에는 이 정도가 정상입니다.", "당신 가족력으로 보면 이 병에 걸릴 확률이 높습니다.", "이 병은 치료가 불가능합니다." 이런 말들을 들을 때마다 우리는 선택한다. 그것을 받아들일 것인가, 거부할 것인가? 같은 원리가 일상에서도 작동된다.

믿음이 생물학을 바꾸는 메커니즘

라이트 씨는 어떻게 자신의 존재 상태를 한 번도 아니고 두 번이나, 그렇게 암이 없는 상태로 바꿀 수 있었던 것일까? 메커니즘을 들여다보자. 라이트 씨는 크레비오젠이 자신을 치유할 것이라고 절대적으로 확신했다. "나는 나을 것이다."라는 이 명확한 의도는 희망, 기대, 확신과 같은 고양된 감정 상태를 만들었다. 명확한 의도와 고양된 감정의 결합, 이것이 핵심이다.

명확한 의도는 방향을 제시한다. "나는 건강해진다."라는 의도는 뇌에 목표를 입력하는 것과 같다. 전전두엽 피질이 활성화되면서 이 목표를 달성하기 위한 신경 회로가 작동하기 시작한다. 하지만 의도 만으로는 부족하다. 감정이 없는 의도는 힘이 없다.

고양된 감정은 에너지를 제공한다. 희망, 기대, 감사, 기쁨 같은 감정들은 몸의 화학 상태를 극적으로 바꾼다. 도파민과 세로토닌이 증가하면서 뇌의 보상 시스템이 활성화된다. 옥시토신이 분비되면서 부교감신경계가 우세해진다. 이것은 휴식과 회복의 모드다.

이 상태에서 몸은 치유 화학물질을 방출한다. 면역 세포가 활성화되고 염증이 감소한다. 세포 재생이 촉진되고 혈류가 개선된다. 라이트의 종양은 며칠 만에 사라졌다. 불가능해 보이지만 실제로 일어났다.

반대로 라이트가 크레비오젠이 효과 없다는 뉴스를 들었을 때 무슨 일이 일어났는가? 확신이 무너졌다. 고양된 감정이 절망으로 바뀌었다. 절망은 다른 화학물질을 만든다. 스트레스 호르몬인 코르티솔이 증가하고 면역 체계가 억제된다. 염증이 증가하고 세포 재생은 멈춘다. 종양이 다시 자란다. 같은 메커니즘이 반대 방향으로 작동한 것이다.

단순한 긍정적 사고와 진정한 확신의 차이가 여기에 있다. "나는 건강해질 거야."라고 입으로만 말하면서 동시에 두려움과 의심을 느낀다면 효과가 없다. 몸은 말이 아니라 감정에 반응한다. 의도는 명확해야 하고, 감정은 진실해야 한다. 둘이 일치할 때 생물학적 변화가 일어난다.

몸과 마음은 분리되어 있지 않다. 끊임없이 소통하는 하나의 시스템이다. 마음의 변화는 몸의 변화를 일으킨다. 신비주의가 아니다. 과학이다. 수많은 연구와 사례가 이를 뒷받침한다. 우리는 자신이 생각하는 것보다 훨씬 더 큰 힘을 가지고 있다.

이 힘은 양날의 검이다. 긍정적인 방향으로도, 부정적인 방향으로도 작동할 수 있기 때문이다. 우리를 치유할 수도 있고, 우리를 죽일 수도 있다. 플라시보와 노시보는 동일한 메커니즘의 양면이다. 당신의 확신이 어느 방향으로 작동하는지 선택하라. 그 선택이 당신의 생명 활동을 결정한다.

분명한 의도와
고양된 감정

당신은 아마도 "긍정적으로 생각하라.", "명확한 목표를 세워라.", "의도를 분명히 하라."라는 말을 수없이 들었을 것이다. 그래서 열심히 목표를 적고, 비전 보드를 만들고, 매일 아침 확언 다짐을 했을지도 모른다. 그런데 왜 변화는 일어나지 않는 걸까?

세포생물학자 글렌 라인 박사의 획기적인 실험이 그 답을 제시한다. 그는 흥미로운 실험을 설계했다. DNA가 들어 있는 시험관을 사람들에게 쥐여주고, 그들의 의식이 DNA에 어떤 영향을 미치는지 관찰한 것이다.

첫 번째 그룹은 훈련된 참가자들로 구성되었다. 그들은 DNA를 변화시키겠다는 명확한 의도를 가졌다. 집중력도 뛰어났고 의지도 강했다. 하지만 긍정적인 감정 상태는 활용하지 않았다. 순수하게 생각과 의도만으로 물질에 영향을 주려 했다. 결과는 어땠을까? 놀랍게도 DNA 샘플에 아무런 변화도 일어나지 않았다. 아무리 강렬한 의도라도 그것만으로는 물질 현실을 바꾸기에 충분하지 않았다.

두 번째 그룹은 다른 방식으로 접근했다. 레인 박사는 심장 일관성을 조절하는 기술을 훈련받은 사람들을 모았다. 이들은 사랑과 감사 같은 강렬하고 고양된 감정을 만들어내는 데 능숙했다. 그들은 2분 동안 DNA 샘플이 담긴 유리병을 들고 있었다. 그 시간 동안 깊은 사랑과 감사의 감정에 빠져들었다. 가슴은 따뜻했고 심장 박동은 조화로웠으며, 온몸이 긍정적인 에너지로 충만했다. 그런데 DNA 샘플을 분석했을 때, 이번에도 의미 있는 변화는 일어나지 않았다. 아무리 고양된 감정이라도 그것만으로는 물질을 변화시키기에 부족했다.

세 번째 그룹이 핵심이었다. 이들 역시 훈련된 참가자들로 구성되었고, 똑같이 사랑과 감사 같은 긍정적인 감정을 만들어냈다. 하지만 여기에 1가지를 더했다. 사랑과 감사를 느끼는 동시에, DNA 사슬을 감거나 풀겠다는 명확한 의도를 가진 것이다. 생각과 감정을 결합했다. 결과는 극적이었다. 이 그룹은 DNA 샘플의 구조와 형태에서 명백한 변화를 만들어냈다. 몇몇 참가자의 경우 DNA 사슬 중 무려 25

퍼센트의 DNA가 감기거나 풀렸다. 단지 2분 동안 유리병을 들고 있었을 뿐인데 말이다.

이것은 단순한 실험실 결과가 아니다. 그것은 우주의 근본 법칙을 보여주는 증거다. 생각과 감정이 결합할 때, 우리가 물질 현실에 실제로 영향을 미칠 수 있다는 것을 보여주는 증거 말이다.

생각과 감정, 창조의 두 날개

이 현상을 이해하려면 전기와 자기의 관계를 생각해 보면 된다. 우리의 생각은 '전하'를 만든다. 구체적이고 명확한 의도는 전기적 신호처럼 양자장 안으로 방출된다. 하지만 전하만으로는 아무것도 끌어당길 수 없다. 자석을 생각해 보라. 양극이 있어야 자기장이 형성되고, 그 자기장이 다른 것을 끌어당긴다. 여기서 감정이 등장한다.

우리가 느끼는 고양된 감정은 '자하'를 만든다. 사랑, 감사, 기쁨, 흥분, 경외 이런 높은 진동의 감정들은 강력한 자기적 에너지를 발산한다. 이 자기 에너지가 사건을 끌어당긴다. 생각이 씨앗을 심는다면, 감정은 그 씨앗을 성장시키는 물과 햇빛이다. 생각과 감정 둘 다 필요하다. 둘이 함께할 때 창조가 일어난다.

'분명한 의도'란 당신이 창조하고 싶은 것을 명확하게 정의하는 것이다. 막연하고 애매한 소망이 아니라, 구체적이고 세세한 비전이다. 구체적이고 세밀할수록 좋다. "행복해지고 싶다."라는 말은 너무 모호하다. "매일 아침 일어날 때 감사함으로 가득 차고, 하루 종일 창조적인 일을 하며, 저녁에는 사랑하는 사람들과 웃으며 식사하는 삶을 살고 싶다."가 훨씬 분명하다. 의도를 가진 그 생각들이 바로 당신이 통합장 안으로 보내는 전하다. 선명할수록 신호가 강하고, 구체적일수록 메시지가 명확하다.

분명한 의도를 정했다면 이제 고양된 감정이 필요하다. '고양된 감정'이란 진심에서 우러나오는 높은 진동을 가진 감정이다. 사랑, 감사, 고무, 기쁨, 흥분, 충만, 경외. 이런 감정들은 단순히 기분이 좋은 것을 넘어서, 실제로 강력한 자기장을 만들어낸다. 심장은 뇌보다 5천 배나 강한 자기장을 생성한다는 것을 기억하라.

여기서 핵심은 미리 느끼는 것이다. 의도한 일이 이미 일어났다고 가정하고, 그때 느낄 감정을 지금 느끼는 것이다. 이것이 창조의 비밀이다. 새집을 원한다면, 그 집에 이미 살고 있다고 상상하며 느끼는 편안함과 기쁨을 지금 느껴보라. 새로운 직업을 원한다면, 그 일을 하면서 느낄 보람과 성취감을 미리 맛보라. 건강한 몸을 원한다면, 건강하고 활력 넘치는 몸으로 살아가는 기쁨을 지금 경험하라.

"하루 종일 어떤 상태에 있는가. 불안에 있는가, 감사에 있는가?" 기억하라. 당신은 걸어 다니는 자석과 같다. 당신이 생각하고 느끼는 것이 자기장을 만들고, 그 자기장이 동일한 주파수를 가진 것들을 끌어당긴다. 당신이 매일 내보내는 것이 당신이 경험하는 현실을 만든다.

새로운 존재 상태가 돼라

새로운 현실을 창조하고 싶다면, 새로운 방식으로 생각하고 느끼고 행동해야 한다. 경험에 대한 반응이 바뀌어야 한다. 한마디로, 새로운 존재 상태가 되어야 한다. 이것은 자신을 억지로 바꾸는 것이 아니다. 그것은 이미 당신 안에 있는 더 높은 버전의 당신을 드러내는 것이다. 당신의 최고 자아, 당신의 무한한 잠재력 말이다.

레인 박사의 실험은 실험실에서 끝나지 않는다. 당신의 삶이 바로 실험실이다. 매일, 매 순간이 실험이다. 오늘부터 시도해 보라. 구체적이고 명확하게 하나의 의도를 선택하라. 그것에 진심으로, 온 마음을 다해서 고양된 감정을 더하라. 그리고 관찰하라. DNA가 변하듯이 당신의 현실도 변하기 시작할 것이다. 처음에는 어떤 변화도 못 느낄 수 있다. 하지만 계속하면 그 변화들이 점점 커지고 명확해진다. 당신은 생각과 감정이라는 두 날개를 가진 창조자이다.

지금까지의 여정을 되짚어 보자. 생각은 전하처럼 당신의 내면에서 바깥세상을 향해 뻗어나간다. 당신이 어떤 생각을 품으면 그것은 보이지 않는 파동이 되어 우주 공간으로 방출된다. 명확한 생각은 명확한 신호를 보내고, 선명한 생각은 선명한 현실을 창조한다.

느낌은 자석처럼 외부의 경험과 사건들을 당신의 삶 안으로 끌어당기는 자기장을 형성한다. 기쁨을 느낄 때 기쁨의 사건들이, 감사를 느낄 때 감사할 일들이 당신에게 흘러 들어온다. 느낌은 영혼의 언어이기 때문이다.

명확한 의도와 고양된 감정이 만나는 순간 기적은 시작된다. 분명한 의도가 우주에 신호를 보내고, 고양된 감정이 그것을 끌어당길 때, 무한한 가능성의 장과 완벽하게 공명한다. 진동적 일치가 이루어지면 예상을 뛰어넘는 놀라운 일들이 펼쳐진다.

필요한 사람을 우연히 만나고, 완벽한 타이밍에 아이디어가 떠오르며, 관련 없어 보이던 일들이 하나로 연결된다. 사람들은 이것을 행운이라 부른다. 하지만 사실은 당신의 생각과 느낌이 만들어낸 우연을 가장한 필연이다.

가장 아름다운 점은, 이 모든 것이 당신이 계획했던 방식과는 전혀 다르게 일어날 수 있다는 것이다. 우주는 당신이 상상할 수 없었던 경로로 훨씬 더 완벽하게 당신의 소망을 실현시킨다. 지금 이 순간부터 원하는 것을 명확하게 그려라. 그것을 이미 이룬 듯한 기쁨을 충분히 느껴라. 그리고 새로운 존재 상태가 되어 그 진동 속에 계속 내맡기고 머물러라. 그러면 우주는 당신이 상상했던 것보다 훨씬 더 풍성한 방식으로 삶의 기회와 동시성으로 당신에게 응답할 것이다.

이미 이루어진 것처럼
느껴라

행복한 미래를 원하는가. 그렇다면 그 행복을 지금 느껴야 한다. 미래의 감정을 현재에 먼저 경험하는 것. 이것이 현실을 창조하는 핵심 비밀이다.

"나는 건강하다."라는 말은 "나는 건강해질 것이다."보다 훨씬 강력하다. "건강해질 거야."라는 말속에는 지금은 건강하지 않다는 전제가 담겨 있다. 그 전제가 잠재의식에 각인된다. 소망이 실현되려면 그 소망이 이미 실현된 것처럼 느껴져야 한다. 미래형이 아니라 현재형이어야 한다. 당신이 그것을 아직 이뤄지지 않은 상태로 느끼는 한 그것은 결코 현실이 될 수 없다.

믿음이 정체성을 만들고, 정체성이 행동을 만들고, 행동이 결과를 만든다. 성공한 사람이라고 믿으면 성공한 사람처럼 생각하고 행동하게 된다. 건강한 사람이라고 믿으면 건강한 사람처럼 먹고 운동하게 된다. 행동을 억지로 만들 필요가 없다. 믿음이 바뀌면 행동은 저절로 바뀐다.

지금 당신이 되고자 하는 존재의 감정 속에 살아라. 부자가 되고 싶은가. 부자의 감정을 지금 느껴라. 건강해지고 싶은가. 건강한 사람의 감정을 지금 느껴라. 사랑받고 싶은가. 사랑받는 사람의 감정을 지금 느껴라. 그러면 당신은 반드시 그 존재가 될 것이다. 이것은 희망 사항이 아니다. 법칙이다.

표면의식과 잠재의식

세상은 의식이 외부로 드러난 결과다. 의식이 원인이고, 현실이 결과다. 이 원리를 이해하면 인생에서 원하는 모든 것을 이룰 수 있는 문이 열린다. 의식은 2가지 흐름으로 작동한다. 표면의식과 잠재의식이다.

표면의식은 개인적이며 선택적이다. 잠재의식은 비개인적이며 무차별적이다. 표면의식은 결과의 영역이고, 잠재의식은 원인의 영역이다. 표면의식은 아이디어를 만든다. 잠재의식은 그 아이디어를 현실로 구현한다. 표면의식이 생각을 창조하고 잠재의식에 전달하면, 잠재의식은 그것을 형태와 상황으로 외부 세계에 드러낸다. 잠재의식은 스스로 생각하지 않는다. 아이디어를 만들어내지 않는다. 대신 표면의식이 진실하다고 느끼는 것만 받아들인다. 그리고 오직 잠재의식만이 아는 방식으로 그것을 현실로 만든다.

핵심은 감정이다. 아이디어는 오직 감정을 통해서만 잠재의식에 도달한다. 감정을 동반하지 않은 생각은 잠재의식에 닿을 수 없다. 힘이 없다. 하지만 한 번이라도 감정을 동반했다면 긍정적이든 부정적이든 반드시 현실로 나타난다.

감정은 아이디어를 잠재의식으로 전달하는 유일한 통로다. 다른 경로는 없다. 그러므로 감정을 다스리지 못하면 원하지 않는 상태조차 자신도 모르게 각인된다. 의도하지 않았어도 느낀 것은 새겨진다.

여기서 말하는 감정의 통제는 억압이 아니라 선택이다. 행복에 도움이 되는 감정만을 의식적으로 받아들이는 훈련이다. 원하지 않는 감정은 절대 품지 말라. 자신이나 타인의 결점에 집착하는 순간, 당신은 그 제한을 잠재의식에 직접 새기게 된다. 그것이 현실이 된다.

모든 감정은 흔적을 남긴다. 그 흔적은 반대 방향의 더 강한 감정으로 덮이지 않는 한 언젠가 반드시 현실로 나타난다. 감정이 충돌할 때는 항상 더 강한 쪽이 현실이 된다. 이것은 법칙이다.

생각이 아니라 감정이다

사람들은 착각한다. 긍정적으로 생각하면 인생이 바뀐다고 믿는다. 하지만 생각만으로는 아무 일도 일어나지 않는다. "나는 성공할 것이다."를 백 번 되뇌어도 그 말에 의심과 두려움이 실려 있다면 실제로 발산되는 것은 실패의 감정이다. 입으로는 성공을 말하지만 가슴은 실패를 느끼고 있다면 현실은 바뀌지 않는다. 중요한 것은 감정이다. 생각에 감정이 더해져야 현실이 움직인다. '생각 → 감정 → 현실'. 이 흐름을 이해하고 통제할 수 있다면 당신은 의식적 창조자가 된다.

하지만 대부분의 사람들은 하루 종일 원하지 않는 것을 생각한다. 싫은 직장, 부족한 돈, 불편한 관계…. 그것들에 대해 생각하고 불평하고 걱정한다. 원하지 않는 것을 강한 감정과 함께 반복해서 떠올리면 그것이 강화될 뿐 아니라, 같은 주파수의 다른 부정적 현상들까지 함께 불러온다. 부정적 감정 상태에서는 판단력이 흐려지고, 실수가 늘어나며, 인간관계가 경직된다. 더 많은 문제가 연쇄적으로 생겨난다.

해결책은 명확하다. 나쁜 감정을 좋은 감정으로 의식적으로 전환하는 것이다. 기분 나쁜 일이 생기면 기분 나빠하는 것이 자연스럽다고 배워왔다. 하지만 그것은 반사일 뿐 선택이 아니다. 진짜 힘은 선택에서 나온다.

얼마나 오래 좋은 감정을 유지할 수 있는지, 나쁜 감정이 찾아왔을 때 얼마나 빨리 좋은 상태로 복귀할 수 있는지를 훈련하라. 이것은 이론이 아니라 훈련의 영역이다. 매일 연습하라. 매 순간 연습하라.

당신의 몸은 감정을 여과하는 필터다. 지속적인 감정은 신체에 분명한 흔적을 남긴다. 억눌린 감정은 모든 질병의 근본적인 원인이 된다. 잘못된 상황에 대해 강하게 느끼면서도 그 감정을 제대로 해소하지 못하면 그 순간부터 질병은 시작된다.

감각은 현실보다 앞선다. 당신의 감정과 눈앞에 펼쳐진 현실은 끊어지지 않은 하나의 흐름으로 이어져 있다. 감정이 먼저고, 현실이 나

중이다. 당신의 감정은 현실을 설계하는 도면이다. 도면이 바뀌면 건물도 바뀐다.

원하는 것이 아니라 이미 된 존재

당신은 원하는 것을 끌어당기는 것이 아니다. 당신이 이미 그러하다고 느끼는 상태를 끌어당길 뿐이다. 원한다는 것은 결핍의 신호다. 간절히 바란다는 것은 여전히 멀리 있다는 신호다. 원하는 것에 집중하는 순간, 당신은 오히려 그것이 없다는 현실을 더욱 강화한다. 반면 이미 가졌다는 감정 상태는 실제로 그것을 현실화한다. 더 간절히 원할수록 더 멀어진다. 이미 가졌다고 느낄수록 더 가까워진다.

모든 생각에는 반드시 그에 상응하는 고유한 감정이 연결되어 있다. 당신이 원하는 바가 이미 이루어졌다고 느낄 수만 있다면 그 감정은 당신의 소망을 자연스럽고 확실하게 현실로 이끌어낼 것이다. 과정은 자동적이다. 마음속으로 상상하고 그 상상을 진심으로 느낄 수만 있다면, 잠재의식은 그것을 반드시 현실로 구현한다. 예외는 없다. 느낄 수 있다면 이미 당신의 것이다.

　　　　　　　　　　　　　　　　　　　　　　원더셀프

인간이 어떤 존재인가에 따라 그가 마주하는 세계는 달라진다. 존재가 세계를 결정한다. 당신이 자신을 어떻게 느끼느냐에 따라 당신은 곧 그 존재가 되고, 세상은 그에 걸맞은 현실을 보여준다. 가난하다고 느끼면 가난한 현실이 펼쳐진다. 풍요롭다고 느끼면 풍요로운 현실이 펼쳐진다.

이미 되어 있는 존재 상태로 들어가라. 그 상태가 이미 실현되었을 때 당신이 느낄 감정을 지금 이 순간 가정하라. 소망의 감정을 붙잡는 순간, 그것을 이루기 위한 억지스러운 노력은 더 이상 필요하지 않다. 오직 이루고자 하는 상태만을 감정을 담아 생각하라. 그 상태의 현실감을 느끼고, 그 확신에 따라 살고 행동하라. 내일이 아니다. 지금이다.

감사,
삶을 변화시키는 연금술

감사는 이상한 힘을 가지고 있다. 감사는 아직 일어나지 않은 일을 이미 일어난 것처럼 느끼게 만드는 힘이다. 당신이 원하는 미래가 있다고 가정하자. 풍요, 승진, 치유, 관계, 사랑, 성공. 무엇이든 상관없다. 그 미래를 어떻게 지금 경험할 수 있는가? 아직 일어나지 않았기 때문에 논리적으로는 불가능하다.

감사는 이 불가능을 가능하게 만든다. 감사라는 감정의 본질을 들여다보면 답이 보인다. 감사는 무언가가 지금 일어나고 있을 때 느끼는 감정이다. 그것은 이미 일어났거나 지금 일어나고 있다는 신호다. 신체는 놀랍도록 단순하다. 실제로 일어난 일과 상상으로 일어난 일을 구별하지 못한다.

감사의 메커니즘은 심오하다. 당신이 미래의 성공에 대해 진정으로 감사를 지금 느낀다면, 몸은 그것이 이미 일어났다고 믿는다. 호르몬이 분비되고 세포가 반응한다. 우리의 몸은 그 미래가 현재라고 확신한다. 감사는 시간의 법칙을 초월한다. 과거도 아니고 미래도 아닌, 영원한 지금으로 당신을 데려간다.

감사는 가장 강력한 끌어당김의 힘

우리는 원인과 결과라는 선형적 세계에 갇혀 산다. 좋은 일이 일어나면 감사한다. 외부 세계가 먼저 변해야 우리는 다르게 느낄 수 있다고 믿는다. 그래서 우리는 무언가 좋은 일이 일어나 상황이 바뀌기를 기다린다. 그때까지 우리의 감정은 보류되고 기쁨은 연기된다. 외부 조건에 종속된 삶이다.

그런데 이 순서를 뒤집을 수 있다면 어떻게 될까? 결과가 먼저 올 때까지 기다리지 말고, 원인을 먼저 창조하는 것이다. 경험을 하기 전에 느낌을 먼저 생생하게 떠올리는 것이 핵심이다. 원하는 것이 무엇이든 그것이 지금 현실에 존재하는 것처럼 느껴라. 머리가 아니라 가슴이 그것을 경험하게 하라.

무언가를 원할 때 우리는 결핍의 상태에 있다. 아직 갖지 못했다는 상태다. 간절히 바란다는 것은 여전히 멀리 있다는 신호다. 감사할 때는 다르다. 감사는 이미 받았다는 확신이다. 감사는 당신을 결핍의 상태에서 풍요의 상태로 옮긴다. "나는 이미 받았다." 이 신호가 몸 전체로 전송된다. 감사는 가장 강력한 끌어당김의 힘이다. 왜냐하면 감사는 이미 받았다는 전제에서 작동하기 때문이다.

뇌과학이 증명한 감사의 신비

감사가 뇌에 미치는 영향은 과학적으로 측정 가능하다. 감사를 느낄 때 뇌에서는 극적인 변화가 일어난다. 먼저 전전두엽 피질이 활성화된다. 이곳은 의사 결정, 계획, 그리고 긍정적 사고를 담당하는 뇌의 최고 경영자다. 감사는 이 영역을 깨운다.

동시에 뇌의 보상 중추가 작동한다. 도파민이 분비되기 시작한다. 도파민은 동기와 기쁨의 신경전달물질이다. 이것은 우리에게 "더 하고 싶다."라는 욕구를 만들어낸다. 감사를 반복할수록 뇌는 이 긍정적 경험을 더 원하게 된다. 신경 가소성의 원리에 따라 감사의 신경망이 강화된다.

세로토닌도 증가한다. 세로토닌은 기분을 조절하는 호르몬이다. 항우울제의 많은 부분이 세로토닌 수치를 높이는 방식으로 작동한다. 감사는 약물 없이도 자연스럽게 세로토닌을 분비시킨다. 옥시토신 역시 증가한다. 옥시토신은 사랑의 호르몬으로 불린다. 유대감, 신뢰, 연결을 느끼게 만드는 화학물질이다.

더 흥미로운 것은 감사가 편도체의 활동을 감소시킨다는 점이다. 편도체는 공포와 불안을 처리하는 뇌의 영역이다. 감사를 느낄 때 편도체는 조용해진다. 생존 모드에서 벗어나는 것이다. 위협을 탐지하던 뇌가 가능성을 탐색하는 뇌로 전환된다.

UCLA의 연구자들은 감사 일기를 쓴 사람들의 뇌를 스캔했다. 3개월 후 그들의 뇌에서는 실제로 구조적 변화가 관찰되었다. 회색질의 밀도가 증가했고, 신경 연결이 강화되었다. 감사는 단순한 기분 전환이 아니다. 감사는 뇌를 물리적으로 재구성한다.

심장에도 변화가 일어난다. 하트매스 연구소에 따르면, 감사를 느낄 때 심장 박동의 패턴이 달라진다. 불규칙하던 심장 리듬이 일관되고 조화로운 패턴으로 바뀐다. 이를 '심장 일관성'이라고 부른다.

심장이 일관성 상태에 들어가면 뇌로 보내는 신호가 변한다. 심장은 뇌보다 더 강력한 전자기장을 만들어낸다. 뇌가 받아들이는 정보의 상당 부분이 심장에서 온다. 심장이 조화로운 신호를 보내면 뇌 전체가 동기화된다. 이 상태에서 인지 능력이 향상되고, 직관이 깊어지며, 창조적 통찰이 일어난다.

감사는 심장과 두뇌를 연결하는 다리다. 이 연결이 강화될 때 우리는 생존 의식에서 창조 의식으로 이동한다. 더 이상 위협에 반응하지 않는다. 더 이상 결핍을 보지 않는다. 대신 가능성을 본다. 이 상태에서 치유와 변화가 일어난다.

경험하기 전에 감사하라

지연 씨는 다발성 경화증을 앓고 있었다. 의사들은 희망이 없다고 말했다. 지연 씨는 다른 선택을 했다. 치유될 이유가 없는 상태에서, 치유가 되기도 전에 감사를 선택했다. "나는 아무 이유도 없이, 실제 치유 경험도 하기 전에 현재의 순간에 그냥 감사했어요."

지연 씨는 조건부 감사를 거부했다. 치유가 일어나면 감사하겠다는 생각을 하지 않았다. 대신 무조건적 감사를 선택했다. "나를 행복하게 하는 데 더 이상 내 밖에 있는 무언가가 필요하지 않았어요. 내 안에 있는 어떤 것이 훨씬 더 온전하고 완벽했으니까 나는 이미 온전하고 행복했어요."

핵심은 이것이다. 지연 씨는 외부 조건이 바뀌기를 기다리지 않았다. 내면 상태를 먼저 바꿨다. 원인과 결과의 순서를 뒤집었다. 결국 지연 씨는 걸을 수 있게 되었고 완전히 회복되었다. 감사가 강력한 치유였던 것이다.

질문을 다시 해보자. 당신은 원하는 일이 일어나기 전에 먼저 감사할 수 있는가? 단순한 긍정적 사고나 희망 사항이 아니다. 새로운 현실의 창조다. 새로운 당신으로의 진정한 변화다.

우리는 항상 확실한 증거를 원한다. "먼저 보여줘. 그러면 믿을게. 그러면 감사할게." 외부 조건에 종속된 공식이다. 창조자의 공식은 다르다. "먼저 믿을게. 먼저 감사할게. 먼저 느낄게. 그러면 그것이 나타날 거야." 맹목적인 믿음이 아니다. 감정이 현실을 창조한다는 뇌과학적 원리다. 당신의 감정 상태가 뇌를 재구성하고, 재구성된 뇌가 새로운 삶을 만들어낸다.

경험 전에 감사하라. 물질적 현실에 앞서 느낌을 만들어라. 외부 변화를 기다리지 말고 내부 변화를 시작하라. 감사는 당신의 삶을 진정으로 변화시킬 연금술이다. 매일 아침 눈을 뜰 때, 아직 일어나지 않은 하루에 먼저 감사하라. 아직 만나지 못한 기회에 먼저 감사하라. 아직 해결되지 않은 문제가 해결된 것처럼 먼저 감사하라. 뇌는 그것이 실제로 일어났다고 믿을 것이다. 호르몬이 분비되고 신경망이 재배열될 것이다. 무조건적인 감사를 실험하라. 당신의 삶에 어떤 일이 펼쳐지는지 경험하라. 감사는 기다리는 것이 아니다. 감사는 창조하는 것이다.

무한한 가능성의 장에 내맡겨라!

최적화된 뇌와 내 안의 놀라운 나와의 연결만으로는 아직 충분하지 않다. 마지막 단계는 역설적으로 통제를 내려놓는 것이다. 이 장에서는 양자물리학이 밝혀낸 현실의 본질과, 우주의 지성에 자신을 온전히 내맡기는 지혜를 다룬다. 집착을 내려놓고 무심의 상태가 되었을 때 비로소 무한한 가능성의 세계가 열리게 된다.

양자물리학이 증명한
놀라운 사실들

빈 공간의 비밀

당신이 지금 앉아 있는 의자는 단단하다고 느껴진다. 손으로 책상을 두드리면 딱딱한 소리가 난다. 우리 주변의 모든 것이 확고한 물질로 이루어져 있는 것처럼 보인다. 하지만 양자물리학은 이 상식에 첫 번째 충격을 가한다.

원자의 대부분은 빈 공간이다. 얼마나 비어 있을까? 수소 원자의 핵을 농구공 크기라고 상상해 보자. 그렇다면 전자들은 약 32킬로미터 떨어진 곳에서 그 주위를 돌고 있다. 그 사이는 텅 빈 공간이다. 당신의 몸도, 이 책도, 벽도, 지구도 모두 마찬가지다. 우리가 단단하다고 믿는 물질은 사실 아주 작은 점들에 불과하며, 실제로는 광활한 빈 공간으로 둘러싸여 있다.

하지만 이야기는 여기서 끝나지 않는다. 이 텅 빈 공간이 실제로는 전혀 비어 있지 않다는 것이 밝혀졌다. 그 공간은 미묘하고 엄청나게 강한 에너지로 꽉 차 있다. 물질의 더 미세한 부분으로 들어갈수록 에너지의 양은 기하급수적으로 증가한다.

더욱 놀라운 것은 1센티미터 크기의 작은 공간에 존재하는 에너지가 전 우주의 모든 물질 에너지보다 크다는 것이다. 과학자들은 아직 이 에너지를 직접 측정할 수는 없지만, 그 무한한 잠재력을 이론적으로 알고 있다. 우리가 딛고 서 있는 이 세상은 사실 무한한 에너지의 바다다.

입자이면서 파동이다

과학자들이 원자 속으로 더 깊이 들어갔을 때 발견한 것은 공간만이 아니었다. 원자를 구성하는 아원자 입자들은 전혀 고체의 성질을 띠지 않았다. 더 놀라운 것은 그것들이 2가지 상반된 성질을 동시에 나타냈다는 것이다.

우리가 그것을 어떻게 바라보느냐에 따라서 아원자 입자들은 입자처럼 움직이기도 하고 파동의 성질을 띠기도 한다. 입자는 공간의 특정 위치를 점하는 분리된 고형물이다. 반면 파동은 위치가 정해져 있지 않고 물결처럼 퍼져 나간다.

파동으로 존재하는 전자는 특정한 장소를 점하지 않고 '확률의 장'으로 존재한다. 그런데 우리가 그것을 관찰하는 순간, 그 확률의 장은 붕괴되어 특정 위치와 시간 속에 나타난다. 놀랍게도 파동과 입자의 차이를 만드는 것은 바로 관찰 행위다. 측정하거나 관찰하지 않으면 전자는 파동처럼 움직인다. 하지만 그것을 관찰하는 순간, 그 파동은 붕괴하여 특정한 입자로 변해 특정 위치를 점한다.

이것은 마치 어두운 방에서 동전을 던지는 것과 같다. 동전이 바닥에 떨어진 후에도 불을 켜기 전까지는 앞면인지 뒷면인지 알 수 없다. 수학적으로는 둘 다인 상태, 즉 중첩 상태에 있다. 불을 켜는 순간 우리는 그 중첩을 붕괴시키고 그때서야 결과가 결정된다.

순간 이동하는 전자

원자를 연구하면서 과학자들은 더욱 기묘한 현상을 발견했다. 전자가 원자핵 주위의 한 궤도에서 다른 궤도로 이동할 때, 일반적인 물체처럼 그 사이 공간을 거치지 않는다는 것이다. 전자는 한 장소에서 사라졌다가 갑자기 다른 곳에서 나타난다. 순간이동을 하는 것이다. 이것을 '양자 도약'이라고 부른다. 더 놀라운 것은 이 도약 과정에서 언제 어디서 전자가 나타날지 예측할 수 없다는 것이다. 과학자들이 할 수 있는 것은 새로운 전자 위치의 확률을 계산하는 것뿐이다.

한 과학자는 이렇게 말한다.

"우리가 경험하는 현실은 이 확률의 바닷속에서 매 순간 끊임없이 새롭게 창조되고 있다. 하지만 진정한 신비는 그러한 가능성으로부터 실제로 무엇이 일어날지를 결정하는 메커니즘이 이 물리적 우주에 존재하지 않는다는 사실이다. 양자적 사건들은 이 우주에서 진정한 의미로서의 무작위 사건들이다. 원인과 결과라는 우리의 상식이 통하지 않는 세계다."

불확정성의 원리

고전 물리학의 세계는 확실성의 세계였다. 뉴턴의 법칙이 지배하는 그곳에서는 모든 것이 측정 가능했다. 물체의 위치, 속도, 질량, 운동량. 충분히 정교한 도구만 있다면 우주의 모든 물리량을 정확하게 알아낼 수 있었다. 과학자들은 우주를 거대한 시계 장치처럼 여겼다. 모든 톱니바퀴의 위치와 속도를 안다면 정확히 계산할 수 있다고 믿었다.

하지만 양자의 세계로 들어가는 순간, 이 확실성은 산산이 무너진다. 전자 하나를 관찰한다고 상상해 보자. 당신은 그것의 위치를 최첨단 장비를 동원해 정확히 측정하려 한다. 그런데 놀라운 일이 벌어진다. 위치를 정확히 측정하는 순간, 전자의 속도는 완전히 불확실해져 버린다. 반대로 속도를 정확히 측정하려 하면 위치가 흐려진다.

이것은 측정 기술의 문제가 아니다. 아무리 섬세하고 진보된 기술을 사용해도 마찬가지다. 더 정밀한 도구를 개발해도 이 한계는 절대 극복되지 않는다. 왜냐하면 이것은 자연의 근본 법칙이기 때문이다.

베르너 하이젠베르크는 이 놀라운 사실을 수학적으로 체계화했다.

그것이 바로 '불확정성의 원리'다. 하나에 초점을 맞출수록 다른 하나의 불확정성은 더욱 증가한다. 이것은 선택의 문제다. 당신은 위치를 알 수 있다. 혹은 속도를 알 수 있다. 하지만 둘 다를 동시에 정확히 아는 것은 불가능하다. 우주는 근본적으로 모호함을 내장하고 있다.

도깨비 같은 원격 작용

아인슈타인은 양자물리학을 좋아하지 않았다. 그는 무작위성에 대해 "신은 주사위 놀이를 하지 않는다."라는 유명한 말을 남겼다. 이에 닐스 보어는 "신에게 명령하지 마라!"라고 응수했다.

양자물리학을 반박하기 위해 아인슈타인과 동료들은 한 사고 실험을 제안했다. 같은 시간에 만들어진 두 개의 입자를 준비한다. 이 두 입자는 얽힘 상태에 있다. 그중 하나를 우주의 반대편까지 멀리 보낸 후, 한쪽 입자에 자극을 주어 상태를 변화시킨다. 그러면 어떻게 될까? 놀랍게도 멀리 떨어진 입자도 동시에 반응했다. 그사이에 어떤 신호도 전달될 시간이 없는데도 말이다.

이 현상은 너무 기묘해서 아인슈타인은 이것을 '도깨비 같은 원격 작용'이라고 불렀다. 상대성 이론에 따르면 어떤 것도 빛보다 빠를 수 없다. 하지만 여기서는 정보가 순간적으로 무한한 속도로 전달된다. 존 벨은 이 현상이 실제로 일어난다는 것을 입증하는 이론을 발표했다. 모든 것은 특정 지역에만 존재하지 않는다는 '비국소성'의 성질을 가지며, 시간과 공간을 넘어 밀접하게 연결되어 있다는 것이었다.

이후 이 개념은 실험실에서 수없이 검증되었다. 잠시 생각해 보라. 우리가 사는 세계의 기반은 시간과 공간이다. 하지만 양자 세계에서는 모든 것이 항상 연결되어 있다는 개념이 시공간을 초월한다. 이론 물리학자 헨리 스탭은 벨의 정리를 '과학사에서 가장 위대한 발견'이라고 평가했다. 그가 물리학사가 아니라 과학사라고 말한 점에 주목하라.

이 모든 이야기가 당신과 무슨 상관이 있을까? 당신도 원자로 이루어져 있다. 당신의 몸도 대부분 빈 공간이며, 그 공간은 무한한 에너지로 충만해 있다. 당신을 구성하는 입자들도 관찰되기 전까지는 확률의 파동으로 존재한다. 당신의 의식과 당신의 관찰이 현실을 만든다. 이것은 단지 은유가 아니라 양자물리학이 보여주는 사실이다.

양자물리학이 보여주는 것은 세상이 우리가 생각했던 것과 완전히 다르다는 것이다. 그것은 우리가 생각했던 것보다 훨씬 더 신비롭고, 훨씬 더 가능성으로 가득 차 있으며, 훨씬 더 경이롭다는 것을 의미한다. 이것이 우리의 진정한 위대함이다. 우리는 무한한 에너지의 바다에 사는 파동이자 입자이며, 관찰자이자 창조자이고, 분리된 개체이면서 동시에 모든 것과 연결된 존재다. 양자물리학은 이미 그것을 증명했다.

이 세상 저 너머의 세계

당신 주변의 공기를 보라. 아무것도 없는 것처럼 보인다. 하지만 그 공간에는 수없이 많은 전파가 날아다니고 있다. 보이지 않는다고 해서 존재하지 않는 것은 아니다. 그것들은 늘 특정한 주파수에서 특정 정보를 전달하고 있다.

과학자들은 원자의 99.9퍼센트가 빈 공간처럼 보인다고 말한다. 하지만 사실 그곳은 무한한 에너지로 가득 차 있다. 이것이 바로 '양자 장'이다. 보이지 않는 에너지와 정보의 장, 시공간 너머에 존재하는 지성과 의식의 장이다. 전혀 물질적이지 않으며 우리의 감각으로는 자각되지 않는다. 하지만 자연의 모든 법칙을 관장하는 것이 바로 이 통합의 장이다.

인류는 이 궁극적 실재를 수천 가지 이름으로 불러왔다. 양자장, 통합장, 근원, 순수 의식, 제로 포인트 필드와 같은 다양한 개념들이 그것을 가리킨다. 이름이 무엇이든 상관없다. 물질적으로는 아무것도 없지만 잠재적으로 모든 가능성이 존재하는 것, 즉 '공(空)'이라고 불리는 그것이다.

상상해 보라! 지구의 모든 생명과 사물이 사라진다. 대륙과 바다도, 행성과 별도 모두 사라진다. 은하와 빛, 색과 형태까지 사라지고, 감지할 수 있는 모든 것이 없어진다. 절대적인 진공과 같은 암흑만 남는다. 이것이 무(無)이자 공(空)이다.

하지만 이 암흑은 텅 빈 것이 아니다. 여기에 모든 것이 존재한다. 모든 가능성과 잠재력이 있다. 모든 에너지와 모든 정보가 존재하고 있다. 바로 이것이 '양자장'이라는 개념에 가장 근접한 표현일 것이다.

보이지 않는 에너지와 정보의 장

이 '양자장'이라고 하는 보이지 않는 정보와 에너지 장은 이 우주의 모든 곳에 편재한다. 그곳에는 우리가 살아가는 우주의 과거와 현재와 미래의 모든 정보가 기록되어 있다. 우리 마음이 양자장과 연결될 때, 우리는 과거와 현재의 사건은 물론 미래에 일어날 사건까지 예감하고 예견할 수 있다. 왜일까? 시간은 순차적으로 흐르는 것이 아니라 동시에 존재하기 때문이다. 적어도 양자 차원에서는 말이다.

아인슈타인은 이렇게 말했다. "이 세상 모든 것은 에너지다. 그게 전부다. 원하는 현실과 주파수를 맞추면 그 현실이 실제가 된다. 그렇게 될 수밖에 없다. 이는 철학이 아니라 물리학이다." 당신이 원하는 현실은 이미 양자장에 주파수로 존재한다. 문제는 그 주파수에 어떻게 조율하느냐다.

우리가 주의를 두는 곳에 우리의 에너지가 흐른다. 이 에너지와 진동수에 주의를 기울이는 행위가 그것을 당신의 인식 안으로 가져온다. 당신이 그렇게 할수록 양자장과의 연결은 강화된다. 그것과 함께하는 모든 경험은 당신의 뇌를 재배선하여 그것을 더 많이 지각하게 한다. 그것은 우리 안에 있고 우리 주변 모든 곳에 있다. 우리는 단지 거기에 주의를 기울이지 않았기 때문에 인식하지 못할 뿐이다.

이 3차원 우주는 시간 속에서 팽창하고 있다. 시간을 되돌리면 하나의 특이점에 도달한다. 빅뱅이다. 에너지의 폭발 후 진동수가 느려지며 물질이 나타났다. 폭발 후에는 무질서가 있지만 빅뱅 후에는 엄청난 질서가 있다. 태양 주위를 도는 행성들과 은하들, 모든 것을 질서 있게 유지하는 지성의 의식이 있다.

그 특이점의 반대편에는 공간도 시간도 없다. 공간과 시간이 있는 영역에서 사물들은 분리되어 있다. 하지만 그 너머의 영역에서 사물들은 연결되어 있다. 더 큰 수준의 진동수와 질서가 있다. 그 창조의 지점, 그 공허, 그 진공, 그 하나 됨의 근원이 모든 물리적이고 물질적인 것의 근원이다.

양자장에 도달하는 방법

그렇다면 어떻게 이 무한한 가능성의 장에 도달할 수 있을까? 방법은 의외로 단순하다. 그것에 주의를 집중하고 그것을 더 의식하는 것뿐이다. 명상 과정에서 우리는 눈을 감은 채, 환경으로부터 단절된다. 몸을 넘어서고 현재 순간으로 빠져든다. 익숙한 과거와 예측 가능한 미래의 시간에서 벗어난다.

아무 몸도 아니고, 아무 사람도 아니고, 아무 사물도 아니며, 아무

곳도 아니고, 아무 시간에도 있지 않게 되는 바로 그 순간! 그때 우리는 알려진 익숙한 모든 것으로부터 주의를 거두고 있다. 계속해서 현재 순간을 향해 인식을 열면서, 공간을 감지하고, 에너지를 감지하며, 무(無)를 감지한다. 순수 의식이 되기 위해서.

외부 세계의 어떤 장소에 있는 사람이나 사물로부터 주의를 거두어들일 때, 더 이상 몸에 주의를 기울이지 않고 시간과 할 일들에 대해서도 생각하지 않을 때, 무슨 일이 일어나는가? 우리는 몸, 정체성, 성별, 질병, 이름, 문제, 관계, 고통, 과거 등과의 연결을 끊는다. 이때 우리의 의식과 자각이 뉴턴 물리학의 물질 세상에서 양자물리학의 비물질 세상으로 옮겨간다.

눈을 감고 명상하면서 무한한 공간으로 초점을 열 때, 우리는 물질이 아니라 에너지, 정보, 가능성에 더 많이 주의를 보낸다. 물질 영역보다 비물질 영역을 더 알아차린다. 우리는 예측 가능한 기지의 것에서 에너지와 주의를 거둬들이고, 예측할 수 없는 미지의 것에 에너지를 보낸다. 이렇게 할 때마다 양자장이 무엇인지 더 깊이 이해하게 된다.

모든 것이 되기 위해 자신을 버려 아무것도 아닌 것이 되어야 한다. 역설이지만 진실이다. 비움으로써 채워진다. 이것이 의식 확장을 위한 핵심 원칙이다. 당신의 의식이 더 큰 의식과 하나가 되도록 허락하라. 저항하지 말고 통제하려 하지 말라. 지성 가득한 사랑에 온몸과 마음을 내맡겨라. 양자장은 따뜻한 지성이자 사랑이다.

그리고 미지의 것을 신뢰하라. 알려진 것에 집착하면 양자장에 도달할 수 없다. 미지의 것이야말로 모든 가능성이 있는 곳이다. 자아의 제한된 측면들을 계속해서 내려놓고 더 큰 자아와 하나가 되어라. 그 큰 자아는 무한하다.

하나 됨 속으로 더 깊이 들어가라. 통제하고 싶은 욕구를 끊임없이 떠나보내라. 내맡김은 연결이다. 점점 더 큰 수준의 온전함을 느껴라. 부분이 아니라 전체, 하나의 의식이 되어라. 당신 주변의 통합장을 매 순간 자각하고 경험하고 더 많이 느껴라. 자각이 3차원 현실로 돌아가지 않게 주의하라.

당신이 원하는 현실을 선택하라. 당신은 양자 관찰자이자 창조자다. 당신의 주의가 향하는 곳이 당신의 현실이 된다. 무한한 가능성의 양자장이 당신을 기다리고 있다. 그 무한한 가능성의 장에 오래 머물면 머물수록, 미지의 것에 에너지를 오래 투자하면 할수록, 당신은 새로운 가능성을 더 많이 창조하게 될 것이다.

아무것도 없는 곳에
모든 것이 있다

아름다운 4월의 어느 날, 철인 3종 경기에서 사이클을 타던 조 디스펜자는 시속 90킬로미터로 달려오던 SUV 차와 부딪치게 된다. 그 바람에 척추뼈가 여섯 군데나 짓눌러 으스러지는 큰 사고를 당한다.

의사들은 척추에 철 막대를 삽입하는 수술을 하지 않으면 평생 전신마비가 되어 불구가 될 수 있다고 했다. 하지만 조 디스펜자는 놀라운 결정을 내린다. 우리의 심장을 뛰게 하고 생명을 창조하는 우주 지성의 힘이 질병과 상처도 치료할 수 있다고 믿은 것이다. 조 디스펜자는 의사들이 권했던 척추 수술을 거부하고, 몸의 자연치유력에 자신의 모든 것을 걸었다.

병상에 누워 있는 동안, 그는 무의식의 힘을 극대화할 수 있는 치료

계획을 세웠다. 완전히 치유된 모습과 완벽해진 척추를 매일 상상하며 보낸 시간들…. 단 12주 만에 기적이 일어났다. 그는 다시 걸을 수 있게 되었고 완전히 치유되었다.

결국 수술 없이 단 12주 만에 걷게 된 조 디스펜자는 신경과학, 후성 유전학, 양자역학 등의 최신 연구를 통해 인간의 몸과 마음을 다스리는 열쇠가 자신에 있다는 것을 깨닫게 된다. 그 뒤로 현재까지 다양한 기법과 명상을 섞어 우리 내부에 깃든 무한한 힘으로 현실을 창조하는 방법을 공식으로 만들어 전 세계 32개국이 넘는 나라를 다니며 워크숍을 개최하고 있다.

조 디스펜자 박사가 사람들로부터 가장 많이 받는 질문이 있다.

"공간이란 도대체 무엇인가요?"

이 질문은 그의 명상법을 처음 접하는 사람들이 가장 혼란스러워하는 부분이다. "아무것도 없는 공간에 집중하니!" 이 말은 직관에 반하는 것처럼 들리기 때문이다. 어떻게 이것이 가능하며, 왜 중요한 것일까? 조 디스펜자 박사는 수천 번의 뇌파 측정과 과학적 연구를 통해 이 질문에 명확한 답을 제시한다.

생존 모드에 갇힌 뇌

우리가 어떤 대상이나 사물에 집중할 때 무슨 일이 벌어지는지 생각해 보자. 우리는 그 대상에 초점을 좁힌다. 이것을 '수렴적 초점'이라고 부른다. 여기에 스트레스 호르몬이 가세하면 상황은 더 복잡해진다. 스트레스를 일으키는 화학물질들은 우리의 감각을 더욱 예민하게 만들어, 위협이 되는 대상이나 사물에 초점을 더욱 좁게 집중하도록 만든다.

이것은 수천 년의 진화 과정에서 매우 적응적인 메커니즘이었다. 사자가 나타났을 때, 독이 든 열매를 발견했을 때, 우리 조상들은 그 대상에 온 신경을 집중해야 생존할 수 있었다. 문제는 현대인이 깨어 있는 시간의 대부분을 스트레스 호르몬의 지배 아래 살아간다는 것이다.

위협을 느끼거나 위험에 처했을 때, 또는 삶에서 결과를 예측할 수 없거나 통제력을 잃었다고 느낄 때, 혹은 상황이 더 나빠질 것이라는 인식을 가질 때, 사람들은 생존 모드로 전환된다. 그리고 삶의 모든 것을 통제하려 시도하기 시작한다.

주의는 한 사람에서 다른 사람으로, 한 문제에서 다른 문제로, 한 사물에서 다른 사물로, 한 장소에서 다른 장소로 끊임없이 이동한다. 이 각각의 요소들은 뇌 속에 신경학적 네트워크를 가지고 있다. 스트레스 호르몬 속에서 살면서 주의를 계속 이동시킬수록 이런 회로들이 더 많이 활성화된다.

문제는 이 회로들이 함께 작동해야 하는 타이밍이 갑자기 순서를 잃게 된다는 것이다. 스트레스 호르몬의 지배를 받는 사람의 뇌는 매우 비일관적이다. 서로 소통해야 하는 뇌의 다른 구획들이 더 이상 연결되지 않는다.

이런 상태의 뇌파 패턴을 측정하면, 그것은 마치 여러 드럼 연주자가 리듬 없이 동시에 북을 두드리는 것과 같다. 뇌가 비일관적일 때 당신도 비일관적이다. 뇌가 제대로 작동하지 않으면 당신도 제대로 작동하지 않는다.

열린 초점의 힘

다른 유형의 초점이 있다. 그것을 '확산적 초점'이라고 부른다. 수천 년 동안 많은 전통 수행법이 이 넓은 초점을 실천해 왔다. 좁은 초점에서 열린 초점으로 전환한다고 상상해 보자. 인식을 여는 이 행위는 매우 심오한 일들을 일으킨다.

공간을 감지할 때 당신은 더 이상 생각하지 않는다. 뇌의 회로들이 활성화되지 않는다. 그러면 뇌파가 느려지기 시작한다. 투쟁-도피 신경계의 압박 아래 살 때, 화학물질들의 각성은 뇌를 고베타 뇌파 패턴으로 이동시킨다. 이것은 비상 상태다. 계속 그렇게 하면 비일관적인 베타 뇌파 상태가 되고, 뇌는 균형을 잃는다.

공간을 감지하면 뇌파가 고베타에서 알파파로 이동한다. 베타파는 외부 세계가 내면 세계보다 더 실제적일 때 나타난다. 특히 고베타 상태에서는 모든 주의가 당신의 몸, 환경, 시간에 있다. 이 상태에서 당신은 외부 세계가 내면 세계보다 더 실제적이라고 믿는다. 창조할 시간이 아니다. 배우거나 상상할 시간도 아니다. 달아나거나 싸우거나 숨을 시간이다.

공간을 감지하고 긴장을 풀고 안전함을 느끼기 시작하면, 뇌파는 알파 상태로 이동한다. 갑자기 내면 세계가 외부 세계보다 더 실제적으로 변한다. 외부 세계를 인식할 수는 있지만 덜 인식하게 되고, 내면 세계를 더 인식하게 된다.

명상의 목적 중 하나는 분석적 마음을 넘어서는 것이다. 의식적 마음과 잠재의식적 마음을 구분하는 것이 바로 '분석적 마음'이다. 35세가 될 때쯤이면 당신이라는 존재의 95퍼센트는 무의식적이고 자동적인 습관, 감정적 반응, 신념, 인식, 고정된 태도들이 차지할 것이다. 이것들은 같은 일을 하고, 같은 방식으로 생각하고, 같은 방식으로 감정적으로 반응하면서 형성된 것들이다.

의식적 마음으로는 이것을 바꿀 수 없다. 운영 체제 안으로 들어가야 한다. 공간을 감지하기 시작하면 이 회로들이 활성화되지 않는다. 의식적 마음과 잠재의식적 마음 사이의 문이 열린다. 분석적 마음을 극복하면 당신은 중요한 변화를 만들 수 있는 운영 체제 안에 있게 된다.

공간을 느끼면 뇌가 깨어난다

공간을 감지하는 것에 정말 능숙해지면 뇌파는 세타 뇌파 패턴으로까지 이동한다. 그냥 아무 알파나 세타 뇌파 패턴이 아니라, 매우 일관적인 알파와 세타 뇌파 패턴을 말하는 것이다. 왜 그럴까? 더 이상 사람이나 사물, 문제나 장소에 대해 생각하지 않기 때문이다. 뇌의 회

 원더셀프

로들이 활성화되지 않는다. 뇌파가 느려지면 자율신경계에 연결된다.

의식이 사고하는 뇌에서 빠져나와 말 그대로 변연계, 즉 자율신경계의 중심부로 이동한다. 자율신경계의 역할은 일관성을 만들고, 균형을 만들며, 건강을 만드는 것이다. 몸도, 사람도, 물건도, 장소도, 시간도 생각하지 않을 때, 당신의 의식은 통합장과 연결된다.

자율신경계가 의식적 마음과 합쳐진다. 뇌에서 일관성이 만들어지고, 스트레스 호르몬 때문에 세분화되었던 뇌의 구획들이 동기화되고 연결된다. 뇌가 질서정연하고 일관성 있게 된다. 당신은 아주 오랜만에 자신답게 느껴진다.

공간을 상상하라! 많은 사람들에게 이것이 낯설고 새로운 개념이라는 것을 안다. 하지만 계속 훈련하고 적용하면, 당신은 이해하게 될 것이다. 시간을 충분히 갖고 연습하라. 많은 사람들이 그것을 매우 잘하고 있다. 하루에 몇 번씩 잠시 멈추고 공간을 느껴보라. 그리고 당신의 삶이 어떻게 변화하는지 관찰하라. 아무것도 없는 그곳에 모든 것이 있다는 것을 발견하게 될 것이다.

무한한 가능성으로
들어가는 문

우리는 평생 무언가가 되려고, 무언가를 얻으려고, 무언가를 성취하려고 애쓴다. 하지만 역설적으로 진정한 힘은 '아무것도 아닌 것'이될 때 나타난다. 무심, 현존, 지금 여기. 이 모든 단어가 가리키는 것은 하나다. 그것은 모든 창조가 시작되는 진정한 자유가 존재하는 공간이다.

우리가 사는 3차원 세계는 더 높은 차원에서 투사된 그림자다. 영화 스크린에 비친 영상처럼 말이다. 지금 보이는 현실은 보이지 않는 근원의 한 단면일 뿐이다. 만약 그 근원에 접근할 수 있다면 당신은 어떻게 행동하겠는가?

13세기 독일의 신비주의자 마이스터 에크하르트는 무심의 경지를 이렇게 설명했다. "완벽하게 무심의 경지에 이르게 되면 그 사람은 그 어떤 것에도 관심을 두지 않게 되며, 그 어떤 천상적인 것이나 지상적인 것에도 마음을 두지 않으며, 위나 아래에 있는 그 어떤 것에도 욕망을 갖지 않는다."

이것은 냉담함이나 무관심과는 다르다. 그것은 집착 없는 완전한 자유다. 무심의 경지에 이른 사람은 있는 그대로의 자신으로 남아 있다. 사랑하지도 미워하지도 않으며, 무언가를 닮으려고도 닮지 않으려고도 하지 않는다. 왜냐하면 이러저러한 존재가 되기를 바라는 것은 무언가를 원하는 것이기 때문이다. 무심에 이른 사람은 아무것도 원하지 않는다. 그러므로 그 어떤 것의 영향도 받지 않는다. 완전히 자유롭다.

이것은 아무것도 하지 않는 게으름이 아니다. 오히려 가장 활발한 창조의 상태다. 왜냐하면 특정한 것에 고정되지 않았기 때문에 모든 것에 반응할 수 있기 때문이다. 물이 어떤 형태의 그릇에도 담길 수 있듯이 말이다.

영원한 현재, 지금 여기

병이 사라지고, 예상 못 한 기회가 찾아오고, 설명할 수 없는 경험이 일어나는 순간들…. 이런 일들은 모두 '영원한 현재'라는 특정한 시공간에서 발생한다. 현재 순간은 단순히 과거와 미래 사이의 한 점이 아니다. 그것은 물질과 시간을 넘어선 곳, 가능성이 실재로 전환되는 유일한 지점이다. 문제는 우리 대부분이 현재에 있지 않다는 것이다. 우리는 대부분의 시간을 과거의 후회나 미래의 불안 속에서 살아간다.

근원적 차원에는 선형적으로 흐르는 시간이 존재하지 않는다. 어제도 내일도 없이 오직 영원한 지금만이 있다. 결국 답은 명확하다. 그 차원과 연결되려면 당신도 완전히 현재에 있어야 한다. 과거의 정체성도, 미래의 불안도 내려놓아야 한다. 지금 이 순간에만 존재할 때 비로소 무한한 가능성으로 들어가는 문이 열린다.

놀랍게도 모든 힘은 바로 지금 이 순간에 있다. 과거는 바꿀 수 없고, 미래는 아직 오지 않았다. 하지만 지금은 변화시킬 수 있다. 양자 물리학이 보여주듯, 관찰하는 순간 가능성의 파동이 실제 입자로 붕괴된다. 그 관찰은 언제 일어나는가? 바로 지금, 현재 순간에서만 현실이 창조된다.

테니스나 야구를 해본 사람은 '스윗 스팟'을 안다. 라켓이나 배트에서 스윗 스팟이라는 지점에 공이 맞으면, 최소한의 힘으로 최대한의 효과가 난다. 완벽한 균형점이다. 의식에도 스윗 스팟이 있다. 너무 긴장하지도, 너무 이완하지도 않은 상태, 집중하고 있지만 집착하지 않는 상태, 노력하고 있지만 억지로 하지 않는 상태, 깨어 있지만 편안한 상태, 이것이 바로 무심의 상태다.

완벽한 균형점, 그곳에서 마법이 일어난다. 최고의 수행, 최상의 창조, 가장 깊은 통찰이 모두 이 스윗 스팟에서 나온다. 운동선수들이 '존 상태'라고 부르는 것, 예술가들이 '몰입'이라고 부르는 것, 명상가들이 '삼매'라고 부르는 것이 모두 이 '스윗 스팟'이다.

비움이 채움이다

무심은 무한한 가능성으로 들어가는 문이다. 당신이 특정한 정체성, 특정한 생각, 특정한 감정에 고정되어 있을 때 당신은 제한된다. 하지만 그 모든 것을 내려놓고 '아무것도 아닌 것'이 될 때 당신은 무한해진다.

빈 캔버스는 모든 그림이 그려질 수 있는 공간이다. 마찬가지로 무심의 상태는 모든 창조가 시작되는 곳이다. 당신이 무언가로 가득 차 있으면 새로운 것이 들어올 공간이 없다. 하지만 비어 있다면 모든 것이 가능해진다. 컵이 가득 차 있으면 더 이상 부을 수 없다. 하지만 빈 컵은 무엇이든 담을 수 있다.

무(無)의 길은 역설로 가득하다. 아무것도 하지 않으면서 모든 것을 이룬다. 아무것도 원하지 않을 때 모든 것이 온다. 아무도 되지 않을 때 진정한 자신이 된다. 이 역설을 논리로 이해하려고 하지 마라. 그것은 경험으로만 알 수 있다. 직접 그 문을 통과해야 한다. 말로 설명될 수 있는 것은 진정한 무(無)가 아니다. 선사들이 왜 말없이 꽃을 들어 보이거나, 침묵으로 답했는지 이제 이해할 수 있다. 그것은 말로 전달될 수 없다. 직접 경험해봐야 한다.

중국 선불교의 6조 혜능은 깨달음의 순간 이렇게 외쳤다. "본래 내가 이토록 순수하고 고요한 것이었다니! 태어나지도 않고 죽지도 않는 것이 바로 나의 본래 성질이라니, 이를 내가 어찌 알 수 있었으리오! 스스로 넘쳐흘러 부족함이 없으니 나는 변하지도 않고 흔들리지도 않으리다."

그는 자신이 찾아 헤매던 것이 이미 자신의 본래 모습이었다는 것을 발견했다. 우리는 무언가가 되려고 노력한다. 하지만 사실 우리는 이미 그것이다. 순수하고 고요하며, 태어나지도 죽지도 않는 의식 그 자체이다.

혜능은 또한 이렇게 가르쳤다. "마땅히 어디에도 머무름 없이 그 마음을 살아 있게 하라! 어디에도 무엇에도 머무름이 없이 자유롭게 마음을 써야만 한다." 어디에도 머무르지 않는 마음, 이것이 진정한 자유다. 우리는 생각에 머무르고, 감정에 머무르며, 정체성에 머무른다. 그 순간 우리는 갇힌다. 하지만 아무 곳에도 머무르지 않을 때, 우리는 어디에나 있을 수 있다.

계속해서 무언가가 되려고, 무언가를 얻으려고, 무언가를 증명하려고 애쓸 것인가? 아니면 잠시 멈추고, 내려놓고, 아무것도 아닌 것이 되어볼 것인가? 무(無)의 문은 항상 열려 있다. 그것은 어떤 특별한 장소에 있지 않다. 바로 지금 여기, 당신이 있는 그곳에 있다. 당신이 모든 것을 내려놓고 순수한 의식 그 자체가 될 때 그 문을 통과한다.

그 너머에는 무한한 가능성이 기다리고 있다. 형태 없는 잠재성, 경계 없는 자유, 제한 없는 창조력. 당신의 진정한 본성이 그곳에 있다.

텅 비어 있지만 모든 것으로 가득 찬, 고요하지만 신령스럽게 깨어 있는, 아무것도 아니지만 모든 것인 그곳. 지금 여기, 당신은 이미 그것이다.

우리는 이미
온전한 존재다

어느 날, 한 남자가 산속 깊은 곳에 있는 현자를 찾아갔다. 그는 수십 년간 자기계발 서적을 읽고, 수많은 강연을 듣고, 온갖 프로그램을 수료했다. 하지만 여전히 공허했다.

"스승님, 저는 더 나은 사람이 되기 위해 모든 것을 다 해봤습니다. 그런데 왜 저는 여전히 불완전하다고 느끼는 걸까요?"

현자는 미소를 지으며 낡은 거울 하나를 꺼냈다. 거울은 여러 조각으로 깨져 있었지만, 그 파편들은 여전히 빛을 반사하고 있었다.

"이 거울을 보게. 깨졌지만 빛을 반사하는 능력을 잃었나?"

"아닙니다."

"그렇다면 이 거울이 불완전한가, 아니면 깨졌다는 생각이 불완전한가?"

그 순간, 남자는 멈칫했다.

현자는 계속 말했다. "자네가 평생 해온 것은 깨진 거울을 고치려는 노력이었네. 하지만 거울은 애초에 깨진 적이 없다네. 자네가 깨졌다고 생각했을 뿐이지…."

당신 내면의 무한한 잠재력

우리는 '자기계발'이라는 이름 아래 끊임없이 무언가를 채우려고 한다. 더 많이 배우고, 더 많이 성취하고, 더 나은 사람이 되려고 말이다. 마치 우리가 불완전한 존재이고, 그 결핍을 메워야만 온전해질 수 있다는 듯이 말이다.

하지만 진짜 변화는 정반대의 지점에서 시작된다. 우리는 이미 온전한 존재이다. 이것이 자기계발의 1단계가 아닌 0단계이다. 무언가를 시작하고 배우기 전에 가장 먼저 자각해야 할 진실이다.

자신의 부족한 무언가를 계발해서 결핍감을 없애는 것이 아니라, 자신의 내면에 이미 존재하는 놀라운 잠재력과 연결되어 새로운 존재 상태가 되는 것이다. 나는 그 놀라운 잠재력을 '원더셀프(Wonder Self)'라고 부른다. 내 안에 잠들어 있는 이 놀라운 힘과 연결되는 것, 그것보다 더 중요한 자기계발은 없다.

우리 모두는 태어날 때부터 무한한 잠재력과 힘을 지니고 있다. 하지만 많은 사람들이 이러한 가능성을 깨닫지 못한 채, 외부의 조건이나 환경에 의해 자신의 가능성을 제한한다. 우리는 종종 사회적 관습, 교육, 그리고 주변 환경에 따라 자신을 평가하며, "나는 충분하지 않다."라는 잘못된 믿음에 사로잡히곤 한다.

그러나 내면의 무한한 잠재력을 발견하는 과정은 단순히 어떤 기술을 익히거나 외부의 성공을 추구하는 것을 넘어선다. 이것은 자신의 본질과 연결되는 깊은 여정이다. 이 여정은 삶의 진정한 목적과 자신 안에 깃든 무한한 가능성을 깨닫는 데 도움을 준다.

현대 사회는 끊임없는 비교와 경쟁 속에서 우리의 본질을 잊게 만든다. 우리는 종종 자신의 가치를 외부 환경에 의존하며 판단한다. 더 나은 직업, 더 많은 재산, 타인의 인정 등이 우리의 성공과 행복을 결정짓는다고 생각하기 쉽다. 그러나 이러한 외부 조건들은 일시적일 뿐, 지속적인 행복과 성취감을 가져다줄 수 없다.

진정한 힘은 외부에서가 아니라 내면에서 온다는 사실을 깨닫는 순간, 우리의 삶은 근본적으로 변화하기 시작한다. 내면의 잠재력을 발견하면 외부 환경의 영향을 덜 받으며, 스스로 자신의 삶을 창조하는 주인공이 될 수 있다.

이러한 힘은 단순한 자기 개발을 넘어선 것이다. 이는 자신이 누구인지, 어떤 가치를 지니고 있는지를 아는 데서 출발한다. 자신이 진정으로 원하는 것이 무엇이고, 그것을 이루기 위해 무엇이 필요한지를 깨닫게 된다.

내면의 잠재력을 발견하면 두려움과 한계, 부정적인 믿음으로부터 자유로워질 수 있다. 이는 곧 삶에서 새로운 가능성의 문을 여는 열쇠와도 같다. 내면의 힘을 발견한 사람들은 자신의 내적 가치를 인식하고, 이를 바탕으로 더 나은 선택을 하며 삶을 재창조해 나간다.

진짜 변화를 원한다면, 생각하고 느끼고 행동하는 방식 자체를 바꿔야 한다. 지금까지 고수해 온 방식에서 벗어나, 당신의 정체성이 되어버린 과거의 기억들을 초월하고, 당신 자신보다 더 큰 신비로운 미지의 것을 받아들여야 한다.

원더셀프, 그것이 진짜 당신이다

어느 날 현자를 찾아온 남자가 다시 물었다.

"스승님, 그렇다면 신성을 회복하고 내면의 평화와 다시 연결되려면 어떻게 해야 합니까? 어디로 가야 합니까?"

현자는 웃으며 대답했다.

"갈 곳이 없네. 이미 그곳에 있으니까."

"무슨 말씀이신지….""

"자네의 진정한 본질로 돌아가기만 하면 되네. 자네에게 이미 모든 것이 있다는 사실을 머리가 아닌 가슴으로 알기만 하면 되네.”

우리는 평생 무언가를 찾아 헤맨다. 행복, 평화, 성공, 사랑, 인정…. 끝이 없다. 우리는 그것들이 저 멀리에 있다고 믿는다. 그래서 끊임없이 밖으로 나가 찾아 헤맨다. 하지만 당신이 찾는 모든 것은 이미 당신 안에 있다.

당신이 진정한 자신이 될 때, 모든 것이 매 순간 당신에게 주어지기 시작한다. 억지로 노력해서 얻는 것이 아니다. 자연스럽게 흘러들어 온다. 왜 그럴까? 당신이 본래 완전하기 때문이다. 당신의 본질이 우주의 근원과 하나이기 때문이다. 그 완전한 곳으로 돌아갈 때, 그 모든 것은 당신의 것이 된다.

지금 이 순간 당신은 이미 필요한 모든 것을 가지고 있다. 다른 어떤 것도 필요하지 않다. 이것은 머리로 이해하는 것이 아니다. 가슴과 온몸, 존재 전체로 이것을 깨달아야 한다. 더 나은 사람이 되려는 집착을 놓아버리고, 무언가를 증명하려는 욕구를 놓아버리고, 결핍감을 채우려는 강박을 놓아버려라. 그리고 허용하라! 당신보다 더 지혜로운 본질이 당신을 안내하도록 말이다.

그곳에서 당신은 진정한 온전함과 필요한 모든 것을 발견한다. 그곳은 어디인가? 당신의 내면이다. 당신은 이미 완전하다. 항상 그래 왔고, 지금도 그렇고, 앞으로도 그럴 것이다. 깨어진 적도, 부족한 적도, 불완전했던 적도 없다. 다만 잊고 있었을 뿐이다. 이제 기억하라. 당신 안에 잠들어 있는 무한한 잠재력 '원더셀프'를 깨워라. 그것이 진짜 당신이다.

당신의 무의식적 프로그램을 리셋하라!

3가지 공식을 알았어도 변화가 일어나지 않는다면, 보이지 않는 무의식적 프로그램이 당신을 붙잡고 있기 때문이다. 이 장에서는 습관이라는 감옥에서 벗어나고, 왜곡된 생각을 합리적으로 전환하는 구체적 방법을 제시한다. 자신의 패턴을 객관적으로 관찰하고 해체할 때, 원더셀프 3가지 공식이 비로소 작동하기 시작한다.

당신이 보는 세계가
전부가 아니다

햇불이 활활 타오르고 있는 커다랗고 깊은 동굴 안에 죄수들이 살고 있다. 동굴 속 죄수들은 태어난 순간부터 어릴 때부터 다리와 목이 쇠사슬에 묶여 있어 평생 고개를 돌릴 수도, 신체의 어떤 부위도 마음대로 움직일 수 없다. 이런 상황에서 그들은 시선이 고정된 채 오직 동굴 벽면에 비친 그림자만 바라볼 수 있을 뿐, 그 어떤 것도 볼 수가 없다.

동굴 안의 실제 모습은 이렇다. 죄수들 뒤에는 나지막한 담이 세워져 있고, 그 담 뒤로는 횃불이 타오르고 있다. 담과 횃불 사이의 길을 따라 사람들이 사람 모형과 동물 모형의 각종 형상들을 지니고 왔다 갔다 지나간다. 죄수들은 동굴 밖 세상에 대한 아무런 지식이 없다. 그래서 동굴 벽면에 비친 그림자가 진짜라고 믿고 살아간다. 참으로 존재하는 동굴 밖의 실제 세계를 알지 못한 채로….

철커덩! 그러던 어느 날 죄수 중 한 명이 쇠사슬에서 풀려나고, 갑자기 일어서서 고개를 돌려 뒤를 돌아보게 된다. 그 순간 그는 엄청난 충격에 빠지고 만다. 활활 타오르는 불빛과 그림자의 실제 대상들, 자신이 지금까지 진실이라고 믿었던 그 모든 것이 단지 그림자일 뿐이라는 것을 알게 된 것이다.

또한 어둠의 세계에 적응했던 눈으로 인한 고통으로, 원래 있었던 속박의 장소로 다시 돌아가고 싶은 강한 욕망이 일어나기도 했다. 자신이 알던 모습과 실재가 너무 달라 당황스러웠던 것이다. 커다란 충격을 받지만, 용기를 내어 더욱더 참된 것을 찾아 조심스럽게 동굴을 탐험하기 시작한다.

그는 결국 동굴 입구를 비추는 태양의 빛을 보게 되고, 동굴 밖으로 나갈 수 있는 가파르고 험한 오르막길을 발견하게 된다. 빛을 향해 조심스레 올라가 동굴 밖으로 나온 순간 아무것도 제대로 볼 수 없다. 갑자기 쏟아지는 너무나 밝은 태양 빛으로 인해 눈이 너무 부셔 모든 것들이 희뿌옇게 보일 뿐이다. 마치 꼬챙이로 눈을 찌르는 듯한 고통이 찾아와 익숙한 동굴 속으로 다시 돌아가고 싶은 마음이 간절하다.

하지만 차츰차츰 시간이 지나고 서서히 세상의 모든 것이 보이기 시작한다. 물에 비친 그림자들, 반짝이는 별빛과 달빛, 눈부시게 파란 하늘과 하얀 구름, 바람에 흔들리는 나무들과 자유롭게 날아다니는 새들, 그리고 모든 것의 근원인 태양까지…. 여러 색깔과 온갖 모양의 세상에 존재하는 모든 것들을 직접 보고, 드디어 세상의 진실을 알게 된 것이다. 아, 동굴 벽에 비친 건 다 그림자였구나!

이렇게 너무나 놀라운 경험을 한 죄수는 다시 동굴 속으로 돌아가 자신이 직접 본 것을 동료들에게 이야기한다. 저 밖의 세상은 우리가 보는 것과는 완전히 다르고, 동굴 벽에 비친 것은 단지 그림자의 세상일 뿐이라고.

하지만 다들 그의 말을 무시하고 비웃는다. 심지어 미쳤다고 생각하기도 한다. 오히려 저 위의 나쁜 곳으로 우리를 데려가려 한다고 비난하면서, 결국 동굴 속 사람들은 그를 죽여 버리고 말았다.

소크라테스의 변론

기원전 399년 그리스 아테네, 500인의 배심원으로 구성된 법정에 한 남자가 섰다. 그의 이름은 소크라테스. 그는 젊은이들을 나쁜 물을 들여 타락시키고, 국가가 믿는 신들을 믿지 않을 뿐만 아니라 새로운 신을 믿는다는 죄목으로 고소를 당했다.

하지만 그는 어떤 보수나 이득을 바라지 않고, 아테네의 젊은이들에게 스스로 생각하는 법을 가르쳤다. 평생 가난하게 살면서도. 그리고 모든 것에 의심을 품고 끊임없이 질문하라고 촉구했다. '너 자신을 알라!'라는 일침과 함께 말이다.

또한 돈과 명예와 명성을 생각하기에 앞서, 지혜와 진리와 영혼을 최대로 향상시키는 것을 고려해야 한다고 가르쳤다. 소크라테스는 법정에서 재판관들에게 자신은 아테네라는 기품 있고 거대한 말(馬)이 졸지 않도록 끊임없이 깨물어 대는 일종의 '등에'임을 자처했다. 언제 어디서든 아테네 시민들을 끊임없이 항상 일깨우고 설득하고 꾸짖고 조언하는 사람, 이것이 신이 자신에게 부여한 소명이라 생각했던 것이다. 그는 걸어 다니는 아테네의 양심이었다.

그는 재판 과정에서 적당히 타협하고 나올 수도 있었다. 다른 나라로의 추방을 제안할 수도 있었고, 친구들의 도움을 받아 충분히 탈옥할 수도 있었다. 그럼에도 불구하고 재판관에게 눈물짓고 한탄하고 애원하여 죽음을 피하는 대신, 정정당당하게 자신의 신념을 법정에서 토로하고 당당한 죽음을 선택했다. 사형 선고를 받고 한 달 뒤, 감옥에서 태연하고 침착하게 독약을 받아 마시고 천천히 숨을 거두었다. 그는 인류를 위해서 축배를 든 것이다.

콜럼버스의 배가 보이지 않았던 이유

1492년, 콜럼버스의 함대가 카리브해 섬에 접근했을 때 놀라운 일이 벌어졌다. 수평선 위에 거대한 범선들이 떠 있었지만, 해안의 원주민들은 그것을 전혀 볼 수 없었다. 배들은 분명히 그곳에 존재했다. 하지만 원주민들의 눈에는 보이지 않았다.

왜 그랬을까? 그들이 시력이 나빴던 것도 아니고, 멀리 있어서도 아니었다. 이유는 훨씬 더 심오했다. 그들의 뇌에는 범선에 대한 지식이나 경험이 전혀 없었던 것이다. 그들이 평생 본 배라고는 작은 카누뿐이었다. 거대한 범선 같은 것은 그들의 현실 속에 존재하지 않았다.

그들의 뇌는 그것을 처리할 틀이 없었다. 익숙한 것들은 볼 수 있었지만, 완전히 낯선 범선은 말 그대로 인식되지 않았다. 마치 우리가 특정 주파수의 소리를 듣지 못하는 것처럼, 그들은 특정 형태의 이미지를 보지 못한 것이다.

하지만 한 사람이 있었다. 부족의 샤먼이었다. 그는 다른 사람들과 달리 조금 다른 방식으로 세상을 보는 법을 훈련받은 사람이었다. 어느 날 해안을 바라보다가 그는 이상한 것을 알아차렸다. 바다에 물결이 일고 있었다. 평소와 다른 패턴의 물결이었다.

배는 보이지 않았다. 하지만 뭔가가 파도를 만들고 있었다. 그는 궁금해지기 시작했다. "무엇이 저 효과를 만들고 있는 걸까?" 매일 그는 해안으로 나가 바다를 바라봤다. 보고, 또 보고, 계속 봤다. 그는 판단하지 않았고, 무시하지 않았으며, 자신이 모른다는 것을 인정했다. 그저 열린 마음으로 계속 관찰했다.

그러던 어느 날, 갑자기 그것이 보이기 시작했다. 처음에는 희미한 윤곽이었다. 점점 선명해졌다. 그리고 마침내 그는 거대한 배들을 완전히 볼 수 있게 되었다. 그의 뇌가 새로운 패턴을 인식하는 법을 배운 것이다.

샤먼은 즉시 부족 사람들에게 말했다. "저기 배들이 있다. 거대한 배들이." 처음에는 아무도 믿지 않았다. 하지만 부족민들은 리더인 샤먼을 신뢰했다. 그가 가리키는 곳을 보려고 노력했다. 그리고 놀랍게도, 그들도 하나둘 배를 보기 시작했다. 한 사람이 보자 다른 사람도 볼 수 있게 되었다.

이 이야기는 단순히 과거의 흥미로운 일화가 아니다. 그것은 지금도 우리 모두에게 일어나고 있는 일이다. 우리는 매일 수많은 것들을 보지 못한다. 그것들이 존재하지 않아서가 아니라, 우리의 뇌에 그것을 인식할 틀이 없기 때문이다.

당신 앞에 놓인 기회를 보지 못한다. 익숙한 패턴이 아니기 때문이다. 관계 속의 새로운 가능성을 보지 못한다. 경험해 본 적이 없기 때문에 자신 안의 잠재력을 보지 못한다. 그런 자신을 상상해 본 적이 없기 때문에 우리는 우리가 알고 있는 것만 본다. 더 정확히 말하면, 우리의 뇌가 인식하도록 훈련된 것만 본다. 나머지는 그냥 지나쳐버린다. 콜럼버스의 배처럼 수평선 위에 분명히 존재하지만, 우리 의식에는 전혀 존재하지 않는다.

플라톤의 동굴과 같은 세계

영화 〈트루먼쇼〉의 이야기를 살펴 보자. 평범한 직장을 다니며 가족, 친구들과 평범한 삶을 살아가고 있는 주인공 트루먼. 하지만 그는 항상 누군가에게 감시받고 있다. 감시하는 사람은 바로 전 세계의 시청자들이다. 트루먼은 하루 24시간 생방송 되는 리얼리티 쇼의 주인공이다.

전 세계의 시청자들이 그의 탄생부터 30살이 가까운 지금까지 일거수일투족을 TV를 통해 보고 있다. 트루먼이 사는 도시는 가짜로 만들어진 곳이고, 그의 주변 인물들은 모두 다 연기자이다. 하지만 트루먼 본인은 그걸 전혀 알지 못한다.

어렸을 때 바다에서 아버지를 잃은 주인공 트루먼은 물에 대한 공포증이 있다. 그래서 그때의 충격으로 배를 타지 못해서 살던 곳 밖으로는 나갈 수도 없다. 이는 동굴 속에 묶여 있는 죄수들의 상황과 같다. 주인공의 일상은 모두 조작된 것이지만 모든 것이 진짜인 줄 알며 살아간다. 이런 가짜의 세상은 동굴 벽에 비친 허상과 같다.

그러나 어느 날 트루먼은 이상한 변화를 감지한다. 가짜로 만들어진 세상이다 보니 이상한 점이 한두 개가 아니다. 하늘에서 커다란 조명 기구가 떨어지고, 비는 자기한테만 내리고, 죽은 줄로만 알았던 아버지를 만나고, 이 세상이 가짜라고 알려주는 여자가 나타나고, 믿었던 가족과 친구마저 낯설게만 느껴진다.

트루먼은 자신의 삶을 의심하기 시작하고, 자신의 생활이 뭔가 평범하지 못하다는 것을 확신하게 된다. 이는 동굴 안의 사람이 밖에서 흘러 들어오는 빛을 감지한 것과 같다. 그리고 결국 평범한 모든 일상이 조작된 방송의 일부임을 눈치채게 된다. 모든 힘든 과정을 딛고, 가짜로 만들어진 세상의 끝에 도달한 트루먼은 세상의 진실을 알기 위해 동굴 밖으로 떠난다.

2199년, 인공지능을 가진 컴퓨터가 지배하는 미래 세계를 그린 영화 〈매트릭스〉에서, 인간들은 태어나자마자 기계가 만든 인공 자궁 안에 갇혀 매트릭스의 프로그램에 따라 평생 가상현실 속을 살아간다. 그곳은 진실을 보지 못하도록 눈을 가려버린 동굴의 세계이다. 모든 감각이 마비된 채, 노예처럼 쇠사슬에 묶여 감옥에서 태어난 인간은 단지 AI의 생명 연장을 위한 에너지로 사용된다.

이 세상의 진실을 알려는 순간 모피어스는 네오에게 이렇게 말한다. "파란 알약을 먹으면 이야기는 여기서 끝나. 침대에서 깨어나 네가 믿고 싶은 걸 믿게 돼. 하지만 빨간 알약을 먹으면 이상한 나라에 남아 토끼 굴이 얼마나 깊은지 끝까지 가게 될 거야."

당신이라면 파란 알약과 빨간 알약 중 어떤 것을 택하겠는가? 플라톤은 동굴과 같은 세계에 갇힌 우리에게 끊임없이 충고한다.

"지금 당장 동굴 밖으로 나가세요!"

변화는
왜 그렇게 어려운가

우리는 스스로 깨어 있다고 믿는다. 의식적으로 선택하고 결정한다고 생각한다. 하지만 놀라운 사실이 있다. 우리가 하는 행동의 95퍼센트가 무의식적인 프로그램에서 나온다. 무의식적 프로그램이란 기억된 행동, 습관적 감정, 태도, 믿음, 조건화된 반응을 의미한다. 이것들이 우리 삶의 95퍼센트를 차지한다. 우리는 하루의 95퍼센트를 무의식 상태로 보낸다. 겉으로만 깨어 있는 것처럼 보일 뿐, 실제로는 잠들어 있다.

이것이 변화되기 어려운 이유다. 우리는 의식적으로 변화를 원한다고 말한다. 하지만 우리 존재의 95퍼센트는 이미 과거의 프로그램으로 작동하고 있다. 5퍼센트의 의식이 95퍼센트의 무의식과 싸운다. 생각, 선택, 행동, 경험, 감정 상태가 늘 똑같다면 뇌는 한정된 모습으로 고정된다. 우리는 일정한 틀 안에서만 생각하게 된다. 그런 경직된 신경 회로 전체가 자신의 정체성이 되어버린다.

자동적인 조건화 반응

파블로프의 유명한 실험을 기억하는가. 개들에게 먹이를 줄 때마다 종소리를 들려주었다. 처음에 개들은 먹이를 보고 침을 흘렸다. 하지만 시간이 지나자 상황이 달라졌다. 언젠가부터 종소리만 들어도 침을 흘리도록 조건화되었다. 먹이에 대한 기대감 때문이었다. 조건화의 결과로 개들의 몸은 애초의 자극, 즉 먹이가 없을 때조차 종소리에 생리적으로 반응하게 되었다. 우리는 이것을 개의 문제라고 생각한다. 하지만 우리 역시 조건화된 존재다.

놀랍게도 인간에게도 비슷한 실험이 진행되었다. 심리학자 존 왓슨은 생후 11개월 된 알버트라는 아기에게 하얀 쥐에 대한 공포 반응을 학습시켰다. 알버트는 원래 흰 쥐를 좋아했다. 토끼와 강아지 등 털 달린 동물에도 두려움보다는 호기심을 보였다.

하지만 흰 쥐가 알버트의 손에 닿는 순간, 머리 뒤에서 커다란 징 소리를 내어 깜짝 놀라게 했다. 굉음에 놀란 아기는 경기를 일으키며 매트리스에 얼굴을 파묻었다. 이런 일이 반복되자 아기는 쥐가 닿기만 해도 손을 움츠렸고, 보기만 해도 공포 반응을 나타냈다.

커다란 징 소리가 들리지 않아도 마찬가지였다. 하얀 쥐가 시야에 들어오는 것만으로 아기는 울기 시작했다. 공포는 흰 쥐에서 토끼로, 털가죽 코트로, 심지어 산타클로스 가면으로 번져갔다. 조건화된 반응이 학습된 것이다.

무의식적 프로그램 속의 삶

출근길 교통 체증은 즉각 스트레스로 전환된다. 특정 인물의 출현은 불안을 촉발한다. 예측 가능한 상황들이 분노를 점화한다. 먹이 없이 종소리만 듣고 침을 흘리는 개와 무엇이 다른가? 우리 몸은 환경의 자극에 반응하도록 조건화되어 있다. 의식적 선택 없이 반사적이고 무의식적으로 반응한다. 이것이 프로그램된 삶이다.

아침에 일어나 출근 준비를 하는 과정을 떠올려보라. 양치는 어느 쪽부터 시작하는가? 샤워는 어디서부터 씻는가? 옷을 입을 때 어느

다리를 먼저 바지에 넣는가? 대부분 기억하지 못한다. 의식하지 않기 때문이다. 몸이 알아서 한다. 이것이 무의식적 프로그램이다.

문제는 이것이 단순한 신체 동작에만 국한되지 않는다는 사실이다. 우리의 생각, 감정, 반응, 선택까지 같은 방식으로 작동한다. 누군가 당신을 비판하면 어떤 감정이 올라오는가? 당황인가, 분노인가, 방어인가? 이것은 선택이 아니다. 조건화된 반응에 불과하다.

예상치 못한 문제가 생기면 어떻게 반응하는가? 이것 역시 의식적 선택이 아니다. 과거의 경험이 만든 신경 회로가 자동으로 작동한다. 중요한 것은 현재와 미래에 대한 우리의 사고방식이 과거의 프로그램에 지배받고 있다는 사실을 알아차리는 것이다.

우리는 새로운 미래를 원한다고 말한다. 하지만 과거의 프로그램으로 생각하고, 과거의 프로그램으로 느끼고, 과거의 프로그램으로 행동한다. 어떻게 새로운 미래가 올 수 있겠는가? 지금까지 고수해 온 방식에서 벗어나야 한다. 자신의 정체성이 되어버린 과거의 기억을 초월해야 한다. 자신보다 더 큰 신비로운 어떤 것을 받아들여야 한다.

변화는 불편하다. 아니, 불편한 정도가 아니다. 변화는 고통스럽다.

'변화의 강'을 건너는 것은 옛 자아의 생물학적, 신경학적, 화학적, 유전학적 죽음을 의미한다. 생각해 보라. 당신이 수십 년 동안 유지해 온 생각 패턴, 감정 패턴, 행동 패턴을 바꾼다는 것은 무엇을 의미하는가? 그것은 당신이 알고 있던 자신이 사라진다는 뜻이다.

뇌는 익숙한 신경 회로를 버리고 새로운 회로를 만들어야 한다. 몸은 익숙한 화학물질 조합을 버리고 새로운 조합에 적응해야 한다. 즉, 정체성 자체가 재구성되어야 한다. 이것은 일종의 죽음과 같다. 과거 자아의 죽음이다. 그래서 우리는 중간에 멈춘다. 너무 불편하고 낯설고 두렵기 때문이다.

우리는 예전에 느끼던 방식이 좋다고 생각하며 익숙한 삶의 환경으로 돌아간다. 익숙한 고통이 낯선 변화보다 편안하게 느껴진다. 비록 그것이 우리를 불행하게 만들었을지라도 적어도 그것은 익숙하다. 익숙함은 안전하다고 느껴진다. 옛 자아는 이미 죽어가고 있지만 새로운 자아는 아직 태어나지 않았다. 이 불확실성의 순간을 견디지 못해 우리는 변화를 직면하지 못하고 뒤돌아선다.

하지만 진정한 변화는 이 강을 건너는 것에서만 일어난다. 불편함을 견뎌야 한다. 낯섦을 받아들여야 한다. 불확실성 속에서도 계속 나아가야 한다. 자연은 이런 변화의 법칙을 이미 보여주고 있다.

새로운 존재 상태로 가는 길

먹이 사슬의 정점에서 하늘을 지배하는 새, 독수리! 하늘을 나는 지구상의 조류 중 가장 오래 사는 새는 독수리라고 한다. 하지만 독수리가 80년에 가까운 긴 수명을 누리려면 생의 중턱에서 매우 고통스럽고 중요한 결심을 해야만 한다. 40세쯤 되면 신체 곳곳에서 죽음이 다가오고 있음을 느낀다.

가슴에 닿을 정도로 길게 자라 구부러진 부리, 오래된 깃털 때문에 날아오르기에 너무 무거워진 날개, 노화되어 사냥감을 낚아챌 수 없는 무뎌진 발톱. 죽음과 직결되는 치명적인 결점들이다.

이때 독수리는 생과 사를 넘나드는 일생일대의 선택과 직면한다. 이대로 조용히 죽음을 받아들일 것인가, 아니면 고통을 이겨내고 새 삶을 얻을 것인가? 새로운 삶을 결단한 독수리는 눈물겹도록 처절하고 고통스러운 변화의 과정을 견뎌내야 한다.

우선 높은 산 정상에 둥지를 틀고, 부리가 깨지고 터져 피투성이가 되어 송두리째 뽑혀 나갈 때까지 바위에 부리를 쪼아댄다. 뼈를 깎는 듯한 고통 속에서 아무것도 먹지 못하고 새로운 부리가 돋아나길 기다린다.

그 후 새로 돋은 단단한 부리로 노화된 발톱들을 하나씩 전부 뽑아낸다. 이후 무뎌진 발톱이 빠지고 새 발톱이 자라나면, 그 발톱과 부리로 온몸을 뒤덮고 있는 무겁고 낡은 깃털을 모두 뽑아낸다. 그렇게 몇 달이 지나면 새로운 깃털이 돋아난다. 기나긴 인내의 터널을 지난 독수리는 새로운 부리, 발톱, 깃털과 함께 남은 40여 년의 새 삶을 시작한다.

삶을 진정으로 변화시키려면 생각하고 느끼고 행동하는 방식을 근본적으로 바꾸어야 한다. 더 이상 무의식적으로 생각하고 행동하고 반응하지 않아야 한다. 의지를 가지고 의식적으로 생각과 믿음, 행동, 감정을 통제해야 한다. 그러면 우리는 과거 자아의 사슬을 풀고 새로운 존재 상태가 될 수 있다.

이것은 매 순간의 선택이다. 자동 반응이 올라올 때 그것을 알아차리고 멈추는 선택. 익숙한 감정 패턴이 작동할 때 그것을 인식하고 다른 것을 선택하는 용기. 환경이 과거의 회로를 켜려 할 때 그것을 거부하고 환경보다 위대하게 생각하는 결단이다.

자신의 습관을 깨고 변화하기 위한 핵심은 전날과 다른 선택을 하는 것이다. 간단해 보이지만 실제로는 어렵다. 왜냐하면 익숙한 선택은 자동으로 일어나기 때문이다. 의식하지 않으면 우리는 자동으로 어제를 반복한다.

변화하려면 이 자동성을 깨야 한다. 의식적으로 다른 선택을 해야 한다. 오늘 아침 침대에서 일어날 때 다른 쪽으로 일어나라. 사소해 보이지만 이것은 뇌에 오늘은 다르다는 신호를 보낸다. 출근길에 다른 길로 가라. 점심에 다른 메뉴를 선택하라. 평소 하지 않던 행동을 해보라. 이것들은 단순한 행동의 변화가 아니다. 뇌의 새로운 회로를 활성화하는 것이다.

더 중요한 것은 내적 선택이다. 불안이 올라올 때 그것에 자동으로 반응하지 말고 호흡을 관찰해 보라. 분노가 치밀 때 평소처럼 폭발하지 말고 그 에너지를 느껴보라. 누군가 당신을 비판할 때 방어하지 말고 궁금해하라. 이런 다른 선택들이 쌓이면 새로운 신경 회로가 만들어진다. 새로운 화학물질 조합이 생긴다. 새로운 존재 상태가 형성되기 시작한다.

변화가 어려운 이유를 이제 알았다. 우리 존재의 95퍼센트가 무의식적 프로그램으로 작동하기 때문이다. 하지만 변화는 가능하다. 뇌는 신경 가소성을 가지고 있다. 새로운 회로를 만들 수 있다. 몸은 재조건화될 수 있다.

처음에는 거대한 무의식의 관성과 싸우는 듯한 착각이 든다. 하지만 계속하라. 매일 조금씩 의식의 영역이 확장된다. 매일 새로운 회로가 만들어지고 과거의 프로그램이 약해진다. 어느 순간 전환점이 온다. 새로운 선택이 더 이상 어렵지 않다. 새로운 존재 상태가 자연스럽다. 의식적 선택이 새로운 자동이 된다. 하지만 이번에는 과거의 프로그램이 아니라 당신이 선택한 프로그램이다.

그때 당신은 진정으로 깨어난다. 무의식의 감옥이 무너지고, 의식의 자유가 펼쳐진다. 더 이상 과거의 노예가 아니다. 미래의 창조자로 서 있다. 우리는 지금 변화의 강 한가운데 서 있다. 뒤돌아보면 익숙한 과거의 강둑이 보인다. 앞을 보면 미지의 대안이 기다린다. 변화는 가능하다. 독수리가 부리를 바위에 부딪치는 순간처럼, 죄수가 쇠사슬을 끊는 순간처럼, 지금, 이 순간이 그 시작이다.

습관이라는 감옥에서
벗어나라

아침에 눈을 뜨면 침대에서 어제와 똑같은 방향으로 일어난다. 늘 같은 손가락으로 알람을 끄고, 익숙한 실내화를 신는다. 화장실에서 루틴을 따르고, 거울을 보며 자신이 누구인지 확인한다. 샤워를 하면서 늘 하던 순서로 몸을 씻고, 사람들이 기대하는 모습으로 단장한다. 주방으로 가서 평소 즐겨 쓰는 머그잔으로 커피를 마신다.

익숙한 길로 출근하고, 익숙한 사람들을 만나 익숙한 감정적 반응을 보인다. 능숙하게 할 수 있는 일을 반복하고, 서둘러 퇴근해서 이메일을 확인한 뒤 잠자리에 든다. 그리고 다음 날도 똑같은 일상을 반복한다.

질문을 던져보자. 이런 하루 동안 당신의 뇌는 조금이라도 변했는가? 같은 생각을 하고, 같은 행동을 하며, 같은 감정을 느끼면서도 우리는 무언가 변화하기를 기대한다. 하지만 익숙한 사람들을 보고, 정해진 장소에 가고, 정해진 시간에 정해진 일을 하면서 우리는 자신이 아는 모든 것과 동일하게 생각한다. 익숙하게 알고 있는 모든 것과 동등하게 생각하는 한, 계속해서 만들어내는 것은 더 많은 똑같은 반복적인 삶이다.

당신은 오늘도 어제를 반복하고 있는가

신경과학에 따르면 뇌는 삶에서 알고 있는 모든 것을 반영하도록 조직되어 있다. 뇌는 환경의 기록이며 과거의 산물이다. 그렇다면 환경이 당신의 생각을 통제하는가, 아니면 당신의 생각이 환경을 통제하는가?

대부분의 사람들은 전자라고 믿으며 산다. 외부 환경이 뇌의 회로를 켠다. 그러면 우리는 환경과 동등하게 생각하기 시작한다. 반복될수록 우리는 환경의 포로가 된다. 알고 있는 것 이상을 생각할 수 없게 된다.

진정으로 변화한다는 것은 환경보다 위대하게 생각하는 것이다. 간디는 인도의 독립을, 링컨은 노예 해방을, 라이트 형제는 하늘을 나는 인간을 먼저 마음속에서 보았다. 그들은 볼 수도 없고, 냄새 맡을 수도 없고, 맛볼 수도 없고, 느낄 수도 없는 비전을 가지고 있었다. 하지만 그것은 마음속에서 살아 있었다. 그것이 마음속에서 너무나 생생했다. 그들은 그 현실이 실제로 일어나고 있는 것처럼 살기 시작했다.

당신도 감각으로는 경험할 수 없지만 마음속에서 충분히 많이 생각한 미래를 믿을 수 있는가? 그 사건이 이미 일어난 것처럼 뇌가 변화할 수 있는가? 신경과학은 그것이 절대적으로 가능하다고 말한다.

성격이 당신의 개인적 현실을 창조한다. 이것이 전부다. 그만큼 단순하다. 성격은 당신이 어떻게 생각하고, 어떻게 느끼고, 어떻게 행동하는지로 구성된다. 따라서 지금 여기 앉아 있는 현재의 성격이 현재의 개인적 현실, 즉 당신의 삶을 창조했다.

그렇다면 새로운 개인적 현실을 창조하고 싶다면 어떻게 해야 할까? 근본적인 수준에서 하던 생각들, 행동과 습관들, 그리고 감정들을 바꿔야 한다. 그것들은 정체성의 일부가 되어버렸다.

대부분의 사람들은 같은 성격으로 새로운 개인적 현실을 창조하려고 시도한다.

하지만 그것은 절대 작동하지 않는다. 우리는 다른 누군가가 되어야 한다. 같은 생각을 계속하고, 같은 행동을 하며, 같은 감정을 만들어 내는 같은 경험 속에서 살면서, 어떻게 다른 내일을 기대할 수 있는가!

생각이 화학물질이 되는 순간

함께 발화하는 신경세포는 함께 연결된다. 이것이 뇌과학의 기본 원리다. 피아노를 칠 때마다 같은 손가락 근육, 같은 청각 영역, 같은 감정 중추가 동시에 활성화된다. 이 신경세포들이 점점 더 강하게 연결된다. 100번, 1000번 반복하면 하나의 신경 고속도로가 된다. 이것이 습관의 뇌과학적 정체다.

같은 분노를 반복하는 사람의 뇌에도 동일한 일이 일어난다. 분노 신경망이 고속도로가 되는 것이다. 같은 마음과 몸의 상태를 반복하면 뇌는 같은 순서, 같은 패턴, 같은 조합으로 발화한다. 매일 자신이 누구라고 생각하는지 상기시킬 때마다 뇌는 정확히 같은 방식으로 작동한다. 시간이 지나면 뇌는 매우 한정적인 신호 체계 안에 갇힌다.

마음을 바꾼다는 것은 뇌를 새로운 순서, 새로운 패턴, 새로운 조합으로 작동하게 만드는 것이다. 뇌를 다르게 발화시키는 것이다. 이것을 가능하게 하는 1가지 요소는 지식 또는 정보다. 새로운 것을 배울 때마다 뇌에 새로운 연결을 만들기 때문이다. 그것이 학습이다. 학습은 새로운 연결을 만드는 것이다. 기억은 그 연결을 유지하거나 지속시키는 것이다.

생각은 화학물질이 된다. 당신이 어떤 기억을 떠올리는 순간, 뇌는 신경전달물질을 분비한다. 비물질적 사고가 물질적 실체로 전환되는 지점이다. 이 화학 신호는 혈류를 타고 전신으로 퍼지며, 당신은 방금 생각한 내용을 몸으로 느끼게 된다.

느낌은 다시 생각을 부른다. 특정 감정 상태에 진입하면 그 감정에 부합하는 사고 패턴이 자동으로 활성화된다. 뇌는 당신이 느끼는 대로 생각하도록 설계되어 있다. 생각과 감정의 순환고리가 형성되는 것이다.

구체적 사례를 보자. '상사가 불공평하다.'라는 생각을 하는 순간,

이어서 '급여가 부족하다.'라는 판단이 따라온다. 다음으로 '업무량이 과다하다.'라는 인식이 추가된다. 3가지 생각이 연쇄적으로 발화하면서 특정 신경망을 구축한다. 이 신경망의 총합이 당신의 현재 마음 상태를 규정한다.

전두엽은 이 마음 상태를 기반으로 자기 이미지를 만든다. '나는 분노한 사람이다.' 이 순간 몸이 반응한다. 부신이 깨어나고, 코르티솔과 아드레날린이 혈관을 타고 흐른다. 당신은 화학적으로 분노를 경험한다. 생각이 물질이 되는 순간이다.

여기서 놀라운 일이 일어난다. 분노 상태의 당신은 세상을 다르게 본다. 모든 것이 분노를 정당화하는 증거로 해석된다. 동료의 승진이 냉담하게 느껴진다. 상사의 지시가 부당하게 들린다. 교통 체증조차 '세상이 나를 괴롭힌다.'라는 증거가 된다.

뇌는 몸의 화학 상태를 읽고, 그에 맞는 현실을 만든다. 당신이 분노하면 세상은 분노할 만한 곳이 된다. 뇌는 몸의 화학적 상태를 지속적으로 모니터링한다. 분노 호르몬이 감지되면 그에 상응하는 생각이 형성된다. '상사는 무능하다. 회사를 떠나야 한다. 동료가 나를 이용했다. 모두가 틀렸다.' 비슷한 신경회로들이 반복 발화하면서 패턴은 더욱 강화된다.

더 많은 분노는 더 많은 분노의 생각을 낳는다. 그 생각은 더 강한 분노 감정을 만든다. 이 되먹임 회로는 자기 증폭적이다. 당신의 해석이 현실과 부합하는지는 중요하지 않다. 신경 화학적 순환은 수개월, 수년, 수십 년간 지속될 수 있다.

이것이 감정이 몸에 저장되는 메커니즘이다. 반복된 생각과 감정 패턴은 신경회로를 고착화하고, 세포 수준의 화학적 습관을 형성한다. 당신의 과거는 이렇게 현재의 생물학적 조건이 된다. 어떤 사람들은 이 순환을 10년, 20년, 심지어 50년 동안 반복한다. 시간이 지나면서 이 순환의 반복은 하나의 존재 상태를 만든다.

습관의 감옥에서 탈출하는 법

시간이 지나면서 생각하고 느끼고, 느끼고 생각하는 이 순환 고리에 갇히면 사람들은 의식적인 마음뿐만 아니라 몸도 그 감정을 기억하도록 조건화한다. 습관은 눈밭에 난 길과 같다. 첫날은 발자국 하나 남기기 힘들다. 하지만 매일 같은 길을 걷다 보면 도로가 된다. 겨울이 지나도 그 길은 남는다. 당신의 뇌에도 수십 년 된 길들이 있다. 분노의 고속도로, 불안의 샛길, 회피의 우회로. 새 길을 만들려면 눈밭을 다시 걸어야 한다.

35세가 되면 당신은 거의 완성된다. 수십 년간 반복한 패턴들이 신경 고속도로를 만들었다. 이제 의식적 선택은 이 거대한 자동화 시스템과 싸워야 한다. 습관이 당신보다 강해진 것이다. 사람은 긍정적으로 생각하고 싶어 하지만 부정적으로 느낀다. 하지만 우리는 변화할 수 있는 능력을 가지고 있다. 뇌의 신경 가소성이 그것을 증명한다. 당신이 누구인지는 당신이 무엇을 반복하는지로 결정된다. 반복을 바꾸면 존재 상태가 바뀐다.

대부분의 사람들은 위기나 트라우마, 질병이나 상실, 진단을 받을 때까지 기다렸다가 정말로 변화하고 싶어 한다. 에고가 너무 낮은 수준으로 떨어져서 더 이상 평소처럼 지낼 수 없는 지점까지 기다린다. 그때 비로소 우리는 어떻게 생각하는지, 어떻게 행동하는지, 어떤 감정으로 살아가는지 살펴보기 시작한다.

우리는 고통과 고난의 상태에서 배우고 변화할 수 있다. 또한 우리는 기쁨과 영감의 상태에서 배우고 변화할 수 있다. 전하고 싶은 메시지는 이것이다. 왜 고통의 그 순간까지 기다리는가?

같은 생각, 같은 행동, 같은 감정의 순환을 깨야 한다. 몸이 기억한 감정을, 자동화된 프로그램을, 익숙함의 신경회로를 재구성해야 한다.

이 모든 것에서 가장 중요한 부분을 알고 싶은가? 소중한 자신을 위해 시간을 내는 것이다. 매일 아침 10분, 습관의 감옥을 관찰하라. 어떤 생각이 자동으로 떠오르는지, 어떤 감정이 조건 반사로 올라오는지, 어떤 행동이 의식 없이 진행되는지 보라. 고통이 올 때까지 기다릴 필요는 없다. 위기가 강요하는 변화가 아니라, 기쁨이 이끄는 변화를 선택할 수 있다. 당신이라는 습관을 깨는 순간! 오늘, 지금, 이 순간부터 당신에게 새로운 운명이 펼쳐진다.

무기력을 해체하는
4가지의 힘

커다란 코끼리가 가느다란 쇠사슬 줄 하나에 묶여 있다. 마음만 먹으면 언제든지 땅에 박아 놓은 작은 말뚝을 뽑고 쉽게 도망갈 수 있을 것 같다. 하지만 코끼리는 그 말뚝에서 벗어나지 못하고 그 자리에 늘 머물러 있다. 코끼리는 왜 도망치지 않는 것일까?

서커스 코끼리를 길들이는 방법은 생각보다 간단하다고 한다. 아주 어렸을 적부터 아기 코끼리의 뒷다리를 말뚝에 묶어 놓는다. 그러면 처음 쇠사슬에 묶인 아기 코끼리는 온 힘을 다해 벗어나려고 안간힘을 쓴다.

하지만 모든 노력에도 불구하고 힘이 모자라 말뚝 주변을 벗어나지 못한다. 다음 날에도 아기 코끼리는 다시 한번 온 힘을 다해 탈출

을 시도한다. 쇠사슬을 당기고, 말뚝을 밀어 보기도 하고, 결박을 풀
려고 애를 쓰지만 어린 코끼리가 감당하기엔 그 말뚝은 너무 견고하
다. 그리고 그다음 날에도 그다음 날에도 아기 코끼리는 노력을 이어
간다.

시간이 흘러 코끼리는 점점 자라 그 족쇄를 뽑아버릴 힘이 충분히
생겼다. 하지만 자신의 무력함을 받아들이고 이제는 더 이상 쇠사슬
을 끊으려는 시도조차 하지 않는다. 자신은 할 수 없다고 믿기 때문이
다. 가느다란 쇠사슬 줄은 코끼리의 발목이 아니라 마음을 묶어버리
게 된 것이다

학습된 무기력 극복하기

미국의 호기심 많은 한 청년은 동물이 무기력을 학습할 수 있음을
증명할 시험을 고안했다. 그는 우선 개를 세 집단으로 나누었다. 첫
번째 집단은 우리 속에서 전기 충격을 받긴 하지만 버튼을 코로 눌러
서 전원을 끌 수 있었다. 전기 충격을 받지만, 자신의 반응에 따라 충
격을 멈출 수 있는 통제력을 가지고 있는 셈이었다.

하지만 둘째 집단의 개들에게는 버튼이 없었다. 그래서 첫째 집단과 완전히 똑같은 전기 충격을 받지만 스스로 전기를 멈출 수는 없었다. 둘째 집단의 개는 오로지 첫째 집단의 개가 버튼을 눌러야만 전기 충격에서 벗어날 수 있었다.

마지막으로 셋째 집단은 아무런 전기 충격도 받지 않았다. 이렇게 실험 조건의 효과를 알아보기 위한 집단을 통제 집단이라고 부른다. 24시간이 지난 다음 날, 이 개들을 이번에는 하나의 칸막이가 있는 실험 상자에 넣고 전기 충격을 주었다. 개들은 낮은 장애물만 뛰어넘어 다른 칸으로 이동하면, 전기 충격을 쉽게 피할 수 있는 상황이었다.

실험 결과는 이랬다. 코로 버튼을 눌러 전기 충격을 끌 수 있었던 집단과 아무런 전기 충격을 받지 않은 집단은 쉽게 장애물을 뛰어넘어 전기 충격을 피해 다른 한쪽으로 도망갔다.

하지만 버튼이 없어 전기 충격을 견뎌야 했던 둘째 집단 대부분의 개들은 전혀 다른 반응을 보였다. 일정한 간격으로 전기 충격을 받으면서도 애처롭게 아무런 행동도 하지 못하고 포기한 채 그냥 주저앉아 엎드려버렸다. 두 번째 집단, 즉 어떤 행동을 하더라도 상황이 바뀌지 않는 것으로 판단한 개들은 희망을 포기하고 학습된 무기력에 빠지고 만 것이다.

'학습된 무기력'이란 피할 수 없거나 극복할 수 없는 환경에 반복적으로 노출된 경험으로 인하여, 다른 상황에서 자신이 실제로 피할 수 있거나 극복할 수 있는 능력이 있음에도 불구하고 시도조차 하지 않으려는 현상을 말한다.

10여 년간에 걸친 이 실험으로 마틴 셀리그만은 프로이트 이후 가장 주목받는 심리학자가 되었다. 그는 동물의 '학습된 무기력' 실험이 인간의 무기력증이나 우울증에도 적용된다는 사실을 발견하게 되었다. 이후 30여 년간 우울증 환자들과 비관성에 빠져있는 사람의 습관을 긍정적으로 변화시켜 누구나 낙관적인 사람이 될 수 있는 '낙관성 치료법'을 개발해냈다.

그렇다면 인간은 어떨까? 최초로 인간을 대상으로 무기력을 실험한 사람은 셀리그만의 제자인 심리학자 도널드 히로토였다. 그는 세 그룹의 사람들에게 시끄러운 소리를 들려주었다. A집단은 시끄러운 소음이 들릴 때 버튼을 누르면 소음이 꺼지도록 했다. 반면에 B집단은 시끄러운 소음을 들었을 때 그 어떤 방법으로도 소음을 제거할 수 없었다. C집단에게는 아무런 소음도 들려주지 않았다.

어느 날 히로토는 셀리그만에게 실험 결과에 대해 상당히 흥분한 듯 이렇게 말했다. "뭔가 의미 있는 결과가 나온 것 같아요. 어쩌면 대단한 결과인 것도 같고요. 처음에 피할 수 없는 소음 자극을 받았던 사람들은 대부분이 이동 상자에서 정말로 그냥 주저앉아 버렸어요. 마치 소음을 끄는 일에서 자신들의 무력감을 학습한 것처럼 그다음부터는 아예 시도조차 하지 않았어요. 시간과 장소 등등 모든 것이 바뀐 새로운 상황이었는데도 말이에요. 소음에 대한 무기력을 두 번째 실험에서도 그대로 지니고 있던 셈이지요. 그런데 말이죠, 처음에 피할 수 있는 소음 자극을 받았던 사람들과 아무런 소음 자극도 받지 않았던 다른 사람들은 모두 소음 끄는 방법을 아주 쉽게 알아냈거든요!"

그는 동물뿐만 아니라 인간에게도 통제 불가능성이 무기력을 일으킨다는 것을 알아냈다. 인간도 마찬가지이다. 반복적인 고통이나 실패로 삶의 의욕을 잃어버린다. 예전에 실패한 기억과 알 수 없는 힘 때문에 아무것도 시작하지 못하는 것이다. 할 수 있는 힘이 있음에도 불구하고 그 일을 할 수 없다고 미리 생각하고 포기해 버린다. 작은 행동조차 할 수 없어진다. 이렇게 무기력은 학습되고 인간의 행동을 지배하게 되는 것이다.

인간을 움직이게 하는 네 개의 엔진

벼룩은 몸길이의 137배나 높이 뛸 수 있다고 한다. 하지만 그 벼룩을 병 속에 가두고 뚜껑을 덮어버리면 자신의 능력을 잃어버리고 만다. 벼룩이 점프할 때마다 뚜껑에 부딪히면 더 이상 높이 뛰는 것을 멈춘다.

이후 잔디밭에 꺼내놓아도 다시는 유리병보다 높게 뛰려고 하지 않는다. 문제는 우리 인생도 유리병 안에 갇힌 벼룩과 같은 상황이라는 것이다. 우리 자신이, 가족들이, 학교와 직장이, 특히 주변의 사람들은 우리가 유리병 안에만 머물러 있기만을 바란다.

우리도 어쩌면 유리병에 갇힌 벼룩, 무기력에 빠진 개, 서커스의 코끼리처럼, 수백 개의 마음의 쇠사슬에 묶여 세상을 살아가고 있는 것은 아닐까? 족쇄를 뽑아버릴 충분한 힘이 생겼음에도 불구하고, 조그만 말뚝에 묶여 스스로의 한계를 규정짓고 평생을 벗어나지 못하는 것처럼 말이다. 낮은 장애물만 뛰어넘으면 고통을 쉽게 피할 수 있는데도 불구하고, 아무런 행동도 하지 않고 포기하고 그냥 주저앉아 있는 것처럼 말이다. 그래서 결국 유리병 안에 갇혀버린다.

우리는 아주 오래전에 해봤다가 성공하지 못했다는 이유만으로 다른 일도 시도조차 하지 않는다. 실패한 경험 때문에 욕구가 떨어지고 거기에 익숙해져 실제로 하면 될 수 있는데도 '어차피 내가 어떻게 할 수 없어.'라고 생각하며 살아간다.

결국 하고 싶은 것도, 뭘 해야 할지도, 왜 해야 할지도, 행동하고자 하는 의지조차 사라진다. 어렵게 시작했다 할지라도 무언가를 하려고 마음먹거나 무언가를 꿈꿀 때는 우리는 언제나 안 되는 이유부터 떠올린다. "난 학력도 안 좋고, 인맥도 없고, 돈도 없어. 나는 앞으로 절대 못 할 거야." 누구나 실패도 하고 안 되는 이유도 많다.

하지만 할 수 있을지 없을지, 성공할지 실패할지는 온 마음과 정성을 다해서 다시 시도해보는 수밖에 없다. 스스로 자신의 한계를 규정짓거나, 마음의 족쇄를 만들지 말자. 빨리 상자 밖으로 나와야 한다.

심리학에서 말하는 인간을 움직이게 하는 기본 요소에는 동기, 인지, 정서, 행동이 있다. '동기(Motivation)'는 어떤 일을 하고자 하는 의욕이고, '인지(Cognition)'는 자신과 세상을 바라보는 사고의 틀이다. '정서(Emotion)'는 마음이 외부에 반응하는 감정과 느낌이고, '행동(Action)'은 우리가 실행하고 움직이는 모든 것이다.

무기력은 이 구조를 무너뜨린다. 단순히 몸이 게을러지는 것이 아니다. 하고 싶다는 마음이 사라지고, 생각이 흐려지고, 감정이 식는다. 동시에 이 모든 것이 무너진다. 그렇기 때문에 무기력에서 벗어나려 할 때 그냥 움직이면 된다는 말은 절반의 진실도 되지 못한다. 행동을 강제해도 그것을 밀어붙일 동기가 없고 받쳐줄 정서가 없다면, 그 행동은 오래가지 않는다.

무기력에서 벗어나기 위해서는 이 모든 것이 동시에 이루어져야 한다. 동기를 되살리려면 의미를 찾아야 한다. 크지 않아도 된다. 오늘 하루를 살아갈 이유 하나면 충분하다. 인지를 바로잡으려면 자기 자신을 다시 봐야 한다. 오랫동안 왜곡된 시선으로 스스로를 작게 만들어왔다면 그 시선부터 고쳐야 한다. 정서를 회복하려면 용서가 필요하다. 타인에 대한 용서만이 아니라 자신에 대한 용서가 먼저다. 이 셋 중 하나라도 빠지면 나머지 둘이 다시 흔들린다. 전부 바뀌어야 한다. 그래야 다시 무언가를 하고 싶다는 마음이 생긴다. 그리고 그 마음이 마침내 몸을 일으켜 행동으로 옮기게 된다.

예전의 생활 습관과 마음속에 깊숙이 새겨진 사고방식, 그리고 지금까지 가져왔던 자신의 비합리적인 신념들, 보고 생각하고 느끼는 인식의 틀을 전부 새롭게 바꿔 나가야 한다. 내가 좋아하는 뭔가에 몰입할 수 있는 대상을 찾고, 부정적인 생각이 떠오르면 합리적 생각으로 바꾸고, 나쁜 감정이 생기면 그것의 원인을 이해할 수 있는 기회가 있어야 한다.

동기, 인지, 정서, 행동 모두 바꿔야 한다. 이 모든 것을 바꾼다는 것은 말처럼 쉬운 일이 아니다. 기존의 틀을 부수고 새로운 관점을 갖는다는 것은 말 그대로 인생에 있어서 하나의 '자기 혁명'이기 때문이다.

당신의 감정,
안녕하십니까?

우리는 살아가면서 이와 같은 말은 흔히 듣는다.

"너 나한테 감정 있어?"
"너는 왜 그렇게 감정 기복이 심해!"
"감정이 너무 앞서면 안 돼."

이렇게 일상생활에서 자주 쓰이는 언어만 봐도 우리의 감정이 얼마나 억압되어 있는지 잘 알 수 있다. "감정적으로 하지 말고 이성적으로 생각해 봐."라는 말에서도 알 수 있듯이, 인간의 감정은 불합리하고 터무니없으며 이성적 사고와 행동을 방해하는, 그래서 억누르고 통제해야 한다는 인식이 우리의 무의식에 자리 잡고 있다.

감정을 밖으로 드러냈다간 어떤 불이익이 되돌아올지 몰라서 감정을 계속 억누르고 참고 산다. 그러다 보니 이젠 자신이 좋은 건지, 싫은 건지, 화난 건지, 두려운 건지 알기도 힘들어진다. 뭘 해도 무덤덤해지고 무감각해져, 결국 감정을 느낄 수 있는 능력 자체가 마비되어버린다.

기쁠 때 웃고, 슬플 때 울고, 화날 때 소리치고…. 이것은 본연 인간의 감정이고 자연스러운 우리의 행동이다. 하지만 우리는 우는 것은 남자답지 못하며, 여자는 화내면 안 된다고 강요받는다. 심지어 감정을 느끼는 것은 창피하고 수치스럽게 여긴다.

감정을 표현하려 해도 사람들이 부담스러워하고, 심지어 감정표현을 잘하는 사람들을 꺼리고 피하기도 한다. 이렇게 우리는 자신의 감정을 표현하지 못하게 하는 세상에 살고 있다. 이런 게 바로 '죽은 감정의 사회'가 아닐까?

보편적인 인간의 마음과 감정

"당신은 무척이나 우울해 보이는군요! 당신은 아무래도 소마 한 알이 필요하겠어요." 베니토는 오른쪽 바지 호주머니를 뒤져서 작은 약병을 하나 꺼냈다. "1세제곱센티미터의 양이면 10가지 침울한 기분이 물러가요. 정말이라고요!"

고통과 슬픔, 우울과 걱정, 외로움과 고독도 없는 오로지 행복과 즐거움만 존재하는 세상. 이 멋진 세상의 사람들은 조금이라도 기분이 나쁘거나 고통이 다가오면 행복한 감정을 유발시키는 소마를 먹는다. 소마 1그램이면 모든 근심, 걱정, 우울, 분노, 질투, 절망이 말끔히 사라진다.

올더스 헉슬리의 공상 소설 『멋진 신세계』는 사랑을 포함해 과도하게 격한 감정이나 불편한 감정을 없애주는 세상을 그리고 있다. '소마(Soma)'는 현실의 고통을 잊도록 정부가 사람들에게 나눠주는 알약의 이름이다. 헉슬리는 한 기자와의 인터뷰를 통해 "소마는 가상적인 약으로써, 도취감과 환각작용, 진정제의 효과를 냅니다."라고 밝혔다. 만일 이 소마라는 행복의 묘약이 당신에게 주어진다면 어떤 결정을 내리겠는가?

인간의 감정을 보여주는 얼굴 표정은 참으로 많은 것을 함축하고 있다. 말로 직접 표현하지 않아도 행복한지, 슬픈지, 두려운지, 화났는지…. 그 순간의 타인의 감정을 우리는 느낄 수 있다.

인류학자 폴 에크먼은 얼굴 표정이 사회가 발전하면서 변하는 것인지, 아니면 고정불변하는 것인지 알고 싶었다. 그래서 그는 문명과의 접촉이 거의 없던 뉴기니의 원시 부족과 수년간 함께 생활했다. 뉴기니의 토착민들은 석기 시대의 수렵 채집인들처럼 고산 산악지대에서 살아가고 있었다. 그곳엔 텔레비전, 사진, 잡지, 거울과 같은 것이 없는, 단 한 번도 문명을 접하지 않은 외부 세계와 단절된 곳이었다.

에크먼은 원시 부족의 감정과 표정은 산업화된 인간들과는 크게 다를 것이라고 예상했다. 하지만 연구 결과는 그의 예상과는 달랐다. 문명과 단절하고 사는 원시 부족들의 얼굴 표정도 우리와 똑같았던 것이다. 폴 에크먼 박사는 인간의 감정을 드러내는 보편적인 얼굴 표정이 있다는 사실을 알게 되었다. 그가 잡아낸 인간의 기본 감정은 행복, 슬픔, 혐오, 놀라움, 분노, 두려움 등 6가지다. 결국 인간은 보편적인 감정을 타고 난다는 것이다.

한 아기가 엄마가 있는 곳으로 기어가기 시작한다. 몇 걸음 채 가지도 못했는데 자신의 키보다도 훨씬 높아 보이는 '시각 벼랑'에 깜짝 놀라 어쩔 줄 몰라 한다. 시각 벼랑을 보자마자 앞으로 가지도 뒤로 가지도 못하는 상황이다. 맞은편에 있는 엄마에게 간절한 눈빛을 보내지만, 되돌아오는 것은 웃음기 없는 엄마의 싸늘한 표정뿐. 무심한 엄마의 행동에 결국 시각 벼랑을 건너지 못하고 제자리로 다시 돌아간다.

그렇다면 반대로 엄마가 편안하게 웃는 표정을 짓는다면 아기들은 어떨까? 조금 전과는 달리 환한 표정으로 함박웃음을 짓고 있는 엄마. 아기는 엄마의 행복한 미소를 확인하자마자 한순간의 망설임도 없이 시각 벼랑을 용감하게 통과한다.

이처럼 엄마의 표정 변화에 따라 아기들의 반응은 전혀 달라진다. 심리학적으로는 '거울 이미지 효과'라고 한다. 이것은 부모의 부정적인 감정이나 태도가 아이들한테 결국엔 대물림되고 전달될 수도 있다는 것을 의미한다.

인간의 감정 48가지

빨강+노랑=주황, 노랑+파랑=녹색, 빨강+파랑=보라. 이렇게 빨강, 노랑, 파랑의 3가지 기본색이 혼합되어 수백 가지의 다양하고 무한한 아름다운 색깔을 만들어낸다. 이와 마찬가지로 우리의 감정도 기본적인 감정들이 섞여 미묘하고 다채로운 기분과 느낌을 만들어낸다.

감정의 철학자 스피노자는 우리를 더 큰 완전한 존재로 만들어주는 '기쁨'의 감정에서부터, 우리를 하찮은 작은 존재로 만드는 '슬픔'의 감정까지 인간의 감정을 48가지로 나누어 정의했다.

욕망, 기쁨, 슬픔, 경탄, 경멸, 사랑, 미움, 경향, 싫음, 헌신, 조롱, 희망, 공포, 신뢰, 절망, 환희, 양심의 가책, 연민, 호의, 분노, 과대평가, 멸시, 질투, 동정, 자기만족, 겸손, 후회, 오만, 소심함, 명예, 치욕, 동경, 경쟁심, 감사, 자비심, 분노, 복수심, 잔학함, 두려움, 대담함, 불안함, 당황, 공손함, 명예욕, 미식욕, 음주욕, 탐욕, 욕정.

이 중에서 우리는 얼마나 많은 감정을 느끼면서 살아가는가. 인간은 희로애락이라는 감정의 대양 위에 뜬 섬일 뿐이다. 감정이 곧 인간이다. 우리는 감정이 무엇이며, 어떻게 작용하는지를 이해하고, 자신이 느끼는 다양한 감정의 스펙트럼을 넓혀 나가야 한다. 그리고 감정 조절을 잘할 수 있어야 한다.

감정조절이란 부정적 감정을 억압하는 것이 아니라, 모든 감정을 있는 그대로 수용하고 받아들이는 것을 말한다. 어떤 감정의 소용돌이가 몰아칠 때 이 감정을 바로 없애려는 어떤 행동도 하지 않고, 이 감정이 무엇인지 연구하며 이 감정이 나의 몸과 생각, 인식, 대인관계에 어떤 영향을 미치는지 객관적으로 관찰할 수 있는 상태를 유지해서, 감정이 나를 가지는 것이 아니라 내가 감정을 가지는 상태로 가는 과정을 말한다.

우리는 1가지 감정에 충실하지 않고, 부정적인 사소한 감정에서 시작해 순식간에 끔찍한 극단적인 결과를 떠올리는 습관이 있다. 그래서 작은 자극에도 쉽게 포기하고 결국 좌절과 절망에 빠진다. 이렇게 하나의 생각이나 감정이 또 다른 생각과 감정을 일으키며, 순식간에 꼬리에 꼬리를 물고 이어져 끔찍한 비극적인 일로 변해버려, 우리는 슬픔에서 헤어나지 못하게 된다.

예를 들어 '외로움'이라는 감정이 들었다면, 그냥 텅 빈 것 같은 공허함만 느끼면 된다. 하지만 여기에 "내 성격이 이상해서 친한 친구

하나 없는 거야."라는 생각이 섞여 자기 비하의 감정을 만들어내고, "나는 늙어서도 이렇게 늘 혼자 외톨이가 될 거야."라는 불안의 감정으로 변해버린다. 심지어 "이렇게 혼자서 쓸쓸하게 죽게 되겠지…."라는 자기도 알 수 없는 두려움에 감정을 옭아매고, 지금 당장의 현실과는 별 상관이 없는 미래의 일이 마치 이미 일어나버린 것처럼 받아들여져, 공포의 감정이 신체장애를 초래하기도 한다.

검은색으로부터 빨강, 파랑, 노랑의 각각의 색들을 하나씩 따로따로 뽑아내듯이, 완전히 검게 변해버린 우리의 마음에서 모든 감정을 하나씩 느끼고 다시 되살리는 과정을 겪어야 한다. 그것은 검은색으로 변해버린 혼합된 물감에서 각각의 색을 뽑아내는 것만큼 힘들고 어려운 과정이 될 것이다.

나를 만만하게 보지 않도록 만드는 '분노', 경쟁심을 부추겨 야심 찬 청년의 의지를 품게 하는 '시기', 적극적이고 창조적인 사고를 가능케 하는 '기쁨', 다른 사람의 관심과 공감을 불러일으키는 '슬픔', 상대방의 적개심을 완화시키는 '수치심', 나의 가치를 높이고 더 나은 배우자를 찾게 만드는 '질투', 위기 상황에 대처하는 능력을 길러주는 '두려움', 모든 한계를 뛰어넘게 하는 가장 훌륭한 감정적 경험 '사랑'의 감정 등등.

우리는 그 감정들을 모두 이해하고 나의 마음을 잘 살펴볼 필요가 있다. 그리고 자신이 느낀 감정에 다른 색을 입혀 고통받지 말고, 본연 그대로의 감정을 받아들이고 인정할 수 있는 능력을 키워나가야 한다.

생각이 감정을
지배하는 방식

소는 한번 삼킨 먹이를 다시 게워 내어 완전히 소화할 수 있을 만큼 작아질 때까지 계속해서 씹는 과정을 되풀이한다. 이렇게 소가 우두커니 가만히 서서 몇 시간 동안 음식을 소화시키는 과정을 되새김질, 즉 '반추'라고 한다.

이와 마찬가지로 우리도 부정적인 생각들을 마음속에서 몇 번이고 곱씹는 습관이 있다. 스스로 인식하지 못한 채 머릿속으로 부정적인 생각을 반복하며 많은 시간을 보낸다. 우리는 기분이 가라앉을 때마다 반추한다. 생각을 많이 하면 할수록 문제를 해결할 수 있다고 믿기 때문이다.

하지만 반추하는 동안 문제를 해결하는 우리의 능력은 현저하게 떨어진다. 약간의 숙고는 이로울 수 있다. 하지만 오랫동안 부정적인 해로운 생각을 쓸데없이 되풀이하는 것은 우리의 기분을 침울하고 무기력하게 만들어 문제를 더 악화시킨다.

대부분의 사람들이 하는 생각 중에서 80~90퍼센트는 반복적이고 부질없는 잡념에 불과하다. 더구나 부정적인 성질을 품고 있을 때도 적지 않아서, 대부분의 생각들이 해롭다고 말할 수 있을 정도다. 수많은 우울감, 걱정, 고민, 스트레스, 분노, 수치심, 죄의식 등 대부분의 생각과 감정이 당신의 것이 아니다. 세기의 대표적 영적 스승 에크하르트 톨레는 심지어 생각이라는 것은 '일종의 질병'이라고 말한다.

자동적 사고의 덫

우리는 어떤 사건과 특정한 감정 반응 사이에 빠르게 일어나는 생각의 흐름을 포착할 수 있다. 이런 생각들은 거의 인식되지 않은 채 자동적으로 나타나고 매우 빨리 지나간다. 심리학자 아론 벡은 이것을 '자동적 사고'라고 이름 붙였다.

'자동적 사고'란 말 그대로 우리가 어떤 상황이나 사건을 겪을 때 즉

 원더셀프

각적이고 자동적으로 생각하게 되는 사고의 패턴을 말한다. 이러한 자동적 사고는 매우 짧은 순간에 스치고 지나가기 때문에 의식적으로 주의를 기울이지 않으면 인식되지 않을 수 있다.

예를 들어 길을 가다 한 남성이 자기를 쳐다볼 때, 자신이 예쁘다고 긍정적으로 생각하는 여성은 "내가 예쁘니까 쳐다보네!"라고 자동적으로 좋게 생각한다. 하지만 자기가 못생겼다고 부정적으로 생각하는 여자는 "저 남자 왜 날 쳐다보는 거야, 내가 그렇게 이상해?"라고 받아들여 마음이 무거워지고 우울해진다.

같은 일이라도 어떻게 해석하느냐에 따라 이를 대하는 감정이 크게 바뀐다. 이렇게 객관적인 평가와 무관하게 어릴 때부터 형성된 사고의 틀이 바로 '자동적 사고'다. 인지치료의 창시자 아론 벡은 우울증에 걸린 사람들은 '자신, 세상, 미래'에 대해 3가지 부정적인 왜곡된 생각을 하고 있다는 사실을 알아낼 수 있었다.

첫째, '나는 무가치한 사람이다'라는 자신에 대한 부정적인 생각
둘째, '세상은 살기 매우 힘든 곳이다'라는 세상에 대한 부정적인 생각
셋째, '내 앞날은 희망이 없다'라는 미래에 대한 부정적인 생각

게다가 주변의 상황과 자극을 인지 왜곡해서 부정적인 방식으로 받아들이기 때문에 부정적 사고는 더욱 심해진다.

최대 적은 나 자신의 생각

우리의 감정은 특정한 생각의 결과물이다. 따라서 우리 자신의 최대 적은 바로 자기 자신의 생각일 수 있다. 하지만 마음속에 일상적으로 떠오르고 사라지는 비합리적인 생각들을 제대로 알아차리기가 어렵다. 왜냐하면 자신이 느끼는 감정이 언제나 옳다는 잘못된 믿음을 가지고 있기 때문이다.

"절대 나는 해내지 못할 거야. 노력해봤자 무슨 소용이 있겠어. 나는 못생겼어. 똑똑하지도 않아. 난 정말 제대로 할 줄 아는 게 하나도 없어. 난 운도 없어. 나는 아무짝에도 쓸모없는 한심한 인간이야."

얼마나 자주 우리는 이런 생각을 자신에게 말해왔던가? 우리의 머릿속은 이와 같은 왜곡된 생각들로 가득 차 있다. 우리는 늘 걱정을 달고 산다. 과거에 했던 일이 갑자기 떠올라 밤새 잠 못 이루며 고민하기도 하고, 일어나지도 않은 미래의 일에 대해 미리 걱정하고 불안해하기도 한다.

우울이나 불안의 감정이 들 때 가장 중요한 것은, 부정적인 생각으로부터 빨리 빠져나와야만 한다는 것이다. 가만히 놔두면 이러한 부정적인 생각은 꼬리에 꼬리를 물어 이어져 눈덩이처럼 점점 더 커질 수 있기 때문이다. 또한 몸에도 심각한 문제를 일으킬 수 있다.

대체의학의 권위자 디팩 초프라는 '모든 병의 근원은 마음에 있다.'라고 말한다. 그의 저서『마음의 기적』에는 마음이 병을 만들고, 그 병은 사람을 죽일 수 있다는 사례가 소개되어 있어 충격적이다.

42세의 회사 임원인 어떤 중년 남성은 병원 대기실에서 극도로 흥분하고 화를 냈다. 진료실 밖에서 15분을 기다려야 했기 때문이다. 자신은 너무 바쁜 사람이라 단 1분도 시간을 낭비할 수 없다고 하면서 소리를 질렀다. 진료 후 의사가 입원하는 게 좋을 것 같다고 말하자, 그는 완전히 자제력을 잃고 정신없이 소리치면서 고함을 질러댔다. 급기야 입에 거품을 물고 가슴을 움켜쥐며 쓰러졌다. 심장발작을 일으킨 것이다. 재빨리 심폐소생술을 시도했지만 잠시 후 숨을 거두고 말았다. 그를 죽게 한 것은 병이 아니라 강렬한 부정적인 감정, 즉 적대감, 분노, 초조함, 두려움, 지나친 강박 관념이었던 것이다.

이와 반대의 사례도 소개되어 있다. 걱정이 사라지면 병도 사라진다는 것이다. 46세의 인도인 남성은 미국을 방문하여 비즈니스 회의에 참석하던 도중 심장발작을 일으켰다. 여러 차례 심장발작을 일으킬 때마다 전기 충격으로 다행히 목숨은 건졌다. 하지만 그는 차라리 죽는 게 더 낫겠다고 생각했다. 외국인이라서 의료보험 혜택을 받을 수도 없고, 미국의 높은 병원비에 대한 걱정 때문이었다. 하지만 병원비에 대한 문제가 누군가의 도움으로 해결되어 걱정이 사라지자, 신기하게도 그의 병도 사라지게 되어 완쾌되었다고 한다.

있는 그대로의 나를 사랑하라

우리는 어렸을 적부터 자신만의 특정한 눈으로 세상을 바라보고 느끼고 판단한다. 따라서 왜곡된 생각들을 합리적으로 바꾸기 위해서는 세상을 다르게 바라보는 법을 배워야 한다. 우리가 가장 먼저 해야 할 것은 자동적으로 떠오르는 자기 파괴적인 '내면의 소리'를 끄는 것이다.

나쁜 일이 일어나는 순간, 자신이 속으로 어떤 말을 하고 있는지 의식적으로 마음의 소리에 귀 기울이는 연습을 해야 한다.

자신에게 해가 되는 비합리적인 잘못된 생각, 자동적으로 솟아오르는 건강하지 못한 부정적인 감정, 그리고 자기 파괴적이고 자멸적인 행동을 제대로 파악하고, 좀 더 합리적인 다른 시각으로 최대한 빨리 자기 파괴적인 내면의 소리를 물리치는 연습을 해야 한다. 그리고 의도적인 노력으로 합리적으로 생각하고 느끼고 행동하도록 바꿔나가야 한다. 우리의 내면이 변화해야 한다. 사고방식, 말하는 방식, 표현 방식을 바꾸어야 한다.

심리학자 아들러는 변화하기 위해서는 의지가 아니라 인지의 중요성을 이렇게 말했다. "자기 자신을 제대로 이해하게 되면 놀라운 결과를 맞닥뜨리게 된다. 그는 더 이상 과거의 그 사람이 아니다. 습관적으로 했던 말과 행동을 멈추게 되고, 진정 자신에게 행복을 가져다 줄 수 있는 선택을 하게 될 것이다. 그러므로 사람에게 있어 진정한 변화는 '의지'의 영역이 아니다. '인지'의 영역이다. 백 번 각오하고 다짐하는 것보다 한 번 제대로 깨닫는 것이 필요하다."

모든 고통은 결국 하나의 뿌리에서 자란다. "나는 충분하지 않다."라는 믿음이다. 그 믿음은 사실이 아니다. 단지 오래된 생각일 뿐이다. 분노를 품고 사는 것은 독을 마시면서 상대방이 죽기를 기다리는 것과 같다. 죄책감은 과거를 벌하고, 걱정은 미래를 망친다. 둘 다 지금 이 순간을 빼앗는다.

진짜 변화는 자신을 몰아붙일 때 시작되지 않는다. 있는 그대로의 자신을 받아들이는 순간, 비로소 무언가가 움직이기 시작한다. 자신을 사랑한다는 것은 감상적인 이야기가 아니다. 그것은 선택이다. 매일 아침, 거울 앞에서 내리는 선택이다.

지금 허약해진 당신의 마음을 예전보다 더 세심하게 아끼고 보살펴야 할 때이다. 기존의 습관을 버리고 고치기 위해서는 자기 자신을 이해하고 충분한 시간과 지속적인 연습이 필요하다. 생각과 감정도 멘탈 트레이닝이 필요하다.

하지만 이것은 생각처럼 쉽게 되지 않을 수도 있다. 마치 새로운 언어나 악기를 배우는 것처럼 이 과정을 의식적으로 매일매일 연습해야 한다. 꾸준한 실천만이 우리를 변화시킬 수 있다. 절대로 나도 모르게 스쳐 지나가는 부정적인 생각과 감정에 지배당하지 말자!

왜곡된 생각을
합리적으로 바꾸는 법

고대 그리스 스토아학파의 대표적인 철학자 에픽테토스. 그는 미천한 노예의 신분으로 태어났다. 어느 날 주인에게 모진 학대를 받아 절름발이 신세가 된 그는 누구보다도 불리한 조건에서 살았음에도 불구하고 좌절하거나 현실에 굴복하지 않았다. 그리고 비참한 삶을 살기를 거부했다.

"질병은 육신에 장애를 줄지언정, 내 의지에는 장애가 되지 못한다. 절뚝거림은 다리에 장애가 될지언정, 내 의지까지 절뚝거리게 하지는 못한다." 인간에게 고통을 주는 것은 일어난 일 그 자체가 아니라, 그 일에 대한 자신의 생각에 의해서 고통을 받는다고 말한 에픽테토스는 우리에게 인생의 노예가 아니라 주인이 되기를 설득했다. 그의 이런 사상은 수천 년의 시간과 공간을 뛰어넘어, 현대 심리 치료학에까지 여전히 큰 영향을 끼치고 있다.

앨버트 엘리스의 ABC 이론

20세기 초, 정신분석은 과거의 트라우마를 파헤치는 데 집중했다. 하지만 효과는 제한적이었다. 앨버트 엘리스는 다른 길을 찾았다. 그도 처음 6년간 프로이트의 정신분석 훈련을 받으면서 환자들에게 정신분석 치료법을 적용했다. 하지만 내담자들에게 그다지 도움을 주지 못한다는 것을 깨달았다.

앨버트 엘리스는 정신분석 치료에 대한 회의를 품고 문제점을 비판했다. 그리고 자신의 경험에 근거해 자신만의 체계적이고 효과적인 이론을 꾸준히 발전시켰다. 이렇게 해서 탄생한 것이 '합리적 정서행동치료'이다.

합리적 정서행동치료, 즉 REBT는 인지적 요인의 중요성을 강조한 최초의 심리치료 이론이다. '인지'란 특정한 순간, 사물들에 대해 어떻게 생각하고 무엇을 느끼는지를 뜻한다. 어떤 사건이 발생했을 때, 그 일을 어떻게 바라보고 해석하느냐에 따라서 자신의 기분과 감정이 결정된다. 대부분의 고통은 실제적인 것 때문이 아니라 부정적인 생각 때문에 생긴다.

일어난 사건을 어떻게 해석하느냐에 따라서 기쁨을 느낄 수도 있고, 슬픔을 느낄 수도 있다. 심지어 아무런 감정을 느끼지 않을 수도 있다. 즉, 자신이 지금 이 순간 생각하는 사고에 따라 느끼는 기분이 달라질 수 있다는 것이다.

앨버트 엘리스는 인간의 사고와 감정, 행동의 관계에 대해서 단순하면서도 명쾌한 설명 'ABC 모델'을 제시하였다.

A는 '역경(Adversity)'으로 살면서 겪는 부정적인 사건을 나타낸다.
B는 '믿음(Belief)'으로 나쁜 일에 대한 본인의 생각과 해석을 말한다.
C는 '결과(Consequence)'로 자신의 감정이나 행동을 의미한다.

인간은 누구나 살아가면서 다양한 불행한 사건들을 경험한다. 예를 들어 마음에 드는 사람에게 전화를 걸어 같이 영화를 보러 가자고 했다. 그랬더니 상대방이 가족 행사 때문에 다음 기회에 가자고 한다.

낙관적 사고를 하는 사람은 이렇게 생각한다. "아쉽지만 다음에 기회가 있겠지. 가족 행사라니 이해할 만해." 약간의 실망을 느끼지만, 저녁에는 친구를 만나거나 영화를 혼자 본다.

반면에 비관적 사고를 지닌 사람은 "뻔한 변명이군. 나한테 관심 없는 거야. 역시 난 매력 없어. 다시는 먼저 연락하지 말아야지."라고 생각하고 자신에 대해 왜곡된 믿음을 갖게 된다. 그로 인하여 하루 종일 우울한 감정을 느끼고, 너무 화가 나서 영화표를 찢어버리는 자기 파괴적인 행동을 하는 잘못된 결론에 이른다.

겉으로 보기에는 이 세상이 'A → C'로 작동하는 것 같지만, 실제로는 'A → B → C'로 작동한다. 즉, 감정과 행동의 결과는 불행한 사건으로부터 곧바로 생기는 것이 아니다. 부정적인 감정과 자기 파괴적인 행동은 자기 자신의 왜곡된 생각으로부터 생긴다. 다행스러운 것은 이런 왜곡된 믿음들이 고정된 것이 아니라, 언제든지 합리적인 반박을 통해 바뀔 수 있다는 것이다.

합리적으로 해석하라

역경(A): 최근에 석사 학위를 따기 위해 퇴근 후에 야간 대학원에서 수업을 듣기 시작했다. 한 학기를 마치고 성적을 받았는데 바라던 대로 잘 나오지 않아 실망스럽다.

믿음(B): 성적이 정말 형편없군. 틀림없이 과에서 꼴찌겠지. 나는 멍청한가 봐. 원래 그런 걸 어쩌겠어? 이 나이에 젊은 애들과 경쟁하기가 어디 쉽겠어? 게다가 열심히 공부해 봤자 누가 나 같은 사람을 고용하겠어? 이제 갓 대학을 졸업한 사람도 수두룩하게 많이 있는데, 도대체 무슨 생각으로 대학원에 입학한 거지?

결과(C): 완전히 절망에 빠져 내가 쓸모없는 인간이라는 느낌이 들었다. 학위에 도전한 것 자체가 후회되기 시작했다. 다음 학기 등록을 취소하고 지금 직장에 만족하기로 마음먹었다.

이 왜곡된 믿음을 다음과 같이 반박을 통해 합리적으로 바꿀 수 있다.

반박(D): 내가 너무 확대해석하고 있다. B 학점은 형편없는 성적은 아니잖아. 과에서 1등은 아니겠지만, 꼴찌도 아니다. 직장과 가정을 병행하는 내 상황에서 이 정도면 잘한 거야. 나이는 문제가 아니라, 시간 부족이 문제였어. 다음 학기에 더 잘하면 되지. 이직은 졸업 후에 생각해도 늦지 않아. 선배들도 학위를 받고 거의 모두 괜찮은 직장을 얻었어. 지금은 현재에 충실하게 최선을 다해 공부하는 게 중요해.

귀결(E): 이러한 반박을 통해 나 자신과 시험에 대해 편안히 생각할 수 있게 되어 학교를 그만두지 않기로 결정했다. 그리고 앞으로도 나이 때문에 내가 원하는 것을 포기하지는 않을 것이다. 물론 나이 때문에 불리할지 모른다는 걱정은 아직도 든다. 하지만 미리 걱정하지 않기로 했다.

신념을 바꾸면 삶이 변화된다

부정적 생각에 대해 수십 년간 연구한 끝에, 앨버트 엘리스가 제안한 3가지 '비합리적 신념'은 다음과 같다.

첫째, 나는 반드시 모든 것을 아주 잘 해내야만 한다.
둘째, 사람들은 반드시 나에게 언제나 친절하게 대해야만 한다.
셋째, 세상 모든 일이 반드시 내 뜻대로 되어야만 한다.

우리는 평소에 얼마나 자주 이런 생각을 해왔던가! 비합리적 신념은 자신과 타인 그리고 세상에 대해 '반드시 그래야 한다.'라는 절대적인 강요나 당위적인 요구의 형태를 띠고 있다. 이러한 과도한 강요나 요구들은 실현되기 매우 어려운 비현실적인 것이다.

따라서 우리의 마음 깊이 뿌리내린 이와 같은 비합리적 신념들이 받아들여지지 않으면, 우리는 쉽게 우울과 불안을 경험하게 되고 삶이 고통스럽고 불행해진다. 게다가 타인과 세상을 원망하고 자기 비난과 자기혐오에 빠지게 된다.

반면에 이와 상응하는 '합리적 신념'은 다음과 같다.

첫째, 난 모든 것을 잘하고 싶어. 하지만 못한다고 해도 하루가 망가지는 건 아니야.

둘째, 다른 사람들이 나한테 잘해주면 참 좋을 것 같아. 하지만 안 그런다 해도 상관은 없어.

셋째, 모든 일이 내 뜻대로 돌아가면 좋겠지. 하지만 항상 그러지는 않을 거란 거 나도 잘 알아. 그래도 난 여전히 행복할 수 있어.

우리는 살면서 부딪히는 고난과 역경에 실망하기도 하고 괴로워하기도 한다. 어떤 사람은 슬픔, 후회, 좌절과 같은 '건강한' 부정적 감정으로 반응한다. 반면에 어떤 사람은 우울, 공황, 분노와 같은 '건강하지 못한' 부정적 감정으로 반응한다.

예를 들어 중요한 시험을 앞두고 있다고 하자. 이때 경험하는 적당한 긴장과 불안은 더 열심히 공부하게 만드는 건강한 감정이다. 그러나 시험 결과에 대한 끔찍한 공황 수준의 불안은, 시험을 효율적으로 준비하는 데 방해되는 건강하지 못한 감정이라 할 수 있다.

'합리적'이란 말은 부정적 감정을 아예 느끼지 않는 것이 아니라 부정적 감정을 과도하게 느끼지 않는 것을 의미한다. 부정적 감정을 느끼는 것은 매우 자연스러운 일이다. 또한 감정 자체를 완전히 없애는 것은 사실상 불가능하다.

핵심은 자신의 생각 중 비합리적인 신념을 찾아내는 것이다. "반드시 해야 한다."라는 생각이 들 때마다 멈추라. "정말 그래야만 하는가?" 물으라. "그렇지 않으면 어떻게 되는가?" 따져보라.

에픽테토스는 노예였지만 자유로웠다. 쇠사슬에 묶였지만 영혼은 묶이지 않았다. 다리는 절뚝거렸지만 의지는 꼿꼿했다. 그는 자신에게 일어난 일을 바꿀 수 없었다. 하지만 그 일을 해석하는 방식은 선택할 수 있었다. 당신도 마찬가지다. 세상이 당신을 만드는 것이 아니라, 당신의 생각이 세상을 만든다.

TERA 분석,
패턴을 깨는 자기관찰 프레임

자신의 패턴을 의식하는 순간, 변화의 가능성이 열린다. 문제는 그 패턴을 어떻게 감지하느냐이다. 이것은 전적으로 자기관찰 능력에 달려 있다. 자신의 행동 패턴과 성격의 미세한 결을 스스로 읽어낼 수 있어야 한다.

우리는 외부 세계를 관찰하는 데는 익숙하다. 하지만 자신의 내면을 관찰하는 훈련은 거의 받지 못했다. 학교에서도, 직장에서도 가르쳐주지 않았다. 특정 상황에서 자신이 어떻게 반응하는지, 왜 그렇게 반응하는지 아는 사람은 드물다. "나는 왜 반복적으로 자기파괴의 굴레에 갇히는가?" 이런 질문 없이는 진정한 자기 이해에 도달할 수 없다. 자신의 가장 날것의 모습을 마주하는 질문 말이다.

우리는 외부에 너무 많은 주의를 빼앗긴다. 해결책은 단순하다. 카메라의 초점을 조정하듯, 관찰 대상을 의도적으로 선택하는 것이다. 외부 자극에 끌려다니지 않고, 생각과 감정의 종속에서 벗어나려면 자기관찰 능력을 길러야 한다. 변화에는 상당한 노력이 요구된다. 의지와 헌신도 필수다.

변화는 관찰에서 시작된다

변화의 첫 단계는 관찰이다. 프로그래밍된 반응들이 언제 어떻게 우리를 장악하는지 알아차리는 것이 중요하다. 화가 나서 소리를 질렀다. 불안해서 과식했다. 외로워서 쇼핑했다. 그 화, 불안, 외로움이 어디서 왔는지, 어떤 생각이 그것을 촉발했는지, 몸에서 어떤 반응이 일어났는지는 인식하지 못한다. 대부분의 사람들은 자신이 그렇게 행동했는지조차 전혀 인식하지 못하는 경우가 많다.

무의식적 프로그램은 빛의 속도로 작동한다. 생각이 감정을 만들고, 감정이 몸의 반응을 일으키고, 몸의 반응이 행동을 유발한다. 이 모든 과정이 순식간에 일어나기 때문에 우리는 마치 자동으로 반응한 것처럼 느낀다. 무의식적 프로그램이 자동으로 실행된 것이다.

자동 반응을 멈추려면 먼저 그것을 알아차려야 한다. 하지만 어떻게? 심리학자들은 자기관찰을 4단계로 나눈다. '생각 → 감정 → 반응 → 행동' 이 4단계를 체계적으로 관찰하는 도구가 '원더셀프 TERA 분석'이다.

T는 생각(Thinking)이다.

E는 감정(Emotion)이다.

R은 반응(Response)이다.

A는 행동(Acting)이다.

이 4가지를 순서대로 관찰하면 자신의 무의식적 프로그램을 명확하게 볼 수 있다. 예를 들어 화가 났을 때를 생각해 보자. 화가 났을 때 내 생각의 패턴은 어떠한가? 화난 상태에서 어떤 감정이 튀어나오는가? 화가 나면 몸의 반응이 어떻게 감각되는가? 화가 날 경우, 나는 어떻게 행동하는가? 이 질문들에 답하면서 자신의 패턴을 관찰할 수 있다.

T: 자동으로 떠오르는 생각

생각은 가장 먼저 일어나는 것처럼 보이지만, 실제로는 이미 과거의 경험과 믿음에 의해 조건화되어 있다. 특정 상황이 오면 특정 생각이 자동으로 떠오른다. 자기 제한적인 생각들은 이런 패턴을 띤다. "난 안 돼."라는 자기 부정, "세상이 나한테 불공평해."라는 피해의식, "어차피 소용없어."라는 무력감. 당신의 생각은 어느 쪽인가?

이런 생각들이 자동으로 떠오른다. 의식적으로 선택한 것이 아니다. 무의식적 프로그램이 실행된 것이다. 이 생각들의 공통점은 모두 제한적이고, 부정적이며, 피해자 의식에 기반하고 있다. 모두 변화의 가능성을 차단한다.

자신의 생각 패턴을 관찰하라. 특정 상황에서 어떤 생각이 자동으로 떠오르는가? 그 생각은 얼마나 자주 반복되는가? 그 생각은 사실인가, 아니면 과거의 경험이 만든 해석인가? 대부분의 생각은 현재를 있는 그대로 보는 것이 아니라 과거의 렌즈로 왜곡한 것이다. 당신이 보는 현실은 실제 현실이 아니라 생각이 만든 버전이다.

E: 자동으로 올라오는 감정

생각이 일어나면 감정이 뒤따른다. 아니, 더 정확히 말하면 생각과 감정은 거의 동시에 일어난다. 생각이 특정 화학물질을 만들고, 그 화학물질이 감정으로 느껴진다.

감정은 크게 세 그룹으로 나뉜다. 두려움 계열에는 불안, 공포, 걱정이 있다. 분노 계열에는 화, 짜증, 원망이 있다. 슬픔 계열에는 우울, 무력감, 절망이 있다. 어떤 감정이 가장 자주 올라오는가?

이 감정들이 올라올 때 우리는 종종 "이 감정이 나다."라고 생각한다. 하지만 감정은 당신이 아니다. 감정은 특정 생각이 만든 화학물질의 결과다. 당신은 감정이 아니라 그 감정을 관찰하는 의식이다. 감정은 파도처럼 왔다가 사라지지만, 당신은 그 파도를 바라보는 바다 그 자체다.

자신의 감정 패턴을 관찰하라. 어떤 감정이 가장 자주 올라오는가? 그 감정은 어떤 생각과 연결되어 있는가? 그 감정은 얼마나 오래 지속되는가? 중요한 것은 감정을 억압하거나 부정하는 것이 아니다. 감정을 관찰하는 것이다. "아, 지금 화가 올라오고 있구나.", "지금 불안이 느껴지고 있구나." 이렇게 관찰할 수 있을 때, 당신은 더 이상 감정에 휩쓸리지 않는다.

감정을 관찰하는 방법이 있다. 첫째, 이름을 붙여라. "지금 분노가 느껴진다." 명확하게 이름을 붙이는 순간, 감정과 나 사이에 거리가 생긴다. 둘째, 강도를 측정하라. "이 분노의 강도는 10점 만점에 7점이다." 숫자로 표현하면 객관화된다. 셋째, 흐름을 관찰하라. 감정은 고정되어 있지 않다. 파도처럼 올라왔다가 내려간다. 5분만 관찰해도 강도가 변한다.

R: 몸에서 일어나는 반응

감정은 추상적인 것이 아니다. 감정은 몸에서 일어나는 구체적인 생리적 반응이다. 뇌에서 분비된 화학물질이 혈류를 타고 온몸을 순환한다. 그 순간 당신의 몸은 감정이라는 이름의 화학적 상태에 잠긴다.

화가 날 때 당신의 몸을 관찰해 보라. 심장이 뛴다. 얼굴이 뜨거워진다. 주먹이 저절로 쥐어진다. 호흡이 얕고 빠르다. 이것은 교감신경계가 활성화된 상태다. 당신의 몸은 싸울 준비를 하고 있다. 불안할 때는 어떤가? 가슴이 답답하다. 손에 땀이 난다. 배에서 뭔가 꿈틀거린다. 호흡이 불규칙해진다. 몸이 떨린다. 우울할 때는 어떤가? 몸이 무겁다. 에너지가 없다. 움직이기 싫다. 모든 것이 느리게 느껴진다.

이런 몸의 반응들을 알아차리는 것은 매우 중요하다. 왜냐하면 몸은 감정을 기억하기 때문이다. 같은 몸의 상태가 되면 같은 감정이 올라온다. 같은 감정이 올라오면 같은 생각이 따라온다.

몸의 반응을 관찰하라. 특정 감정이 올라올 때 몸의 어느 부분에서 느껴지는가? 그 감각은 어떤 특징이 있는가? 뜨거운가, 차가운가? 긴장되어 있는가, 이완되어 있는가? 무거운가, 가벼운가? 몸의 반응을 세밀하게 관찰할 수 있을 때, 당신은 감정이 자동으로 행동으로 이어지는 것을 막을 수 있다.

A: 자동으로 나오는 행동

생각이 감정을 만들고, 감정이 몸의 반응을 일으키고, 몸의 반응이 행동을 유발한다. 이 모든 과정이 자동으로 일어나면 우리는 무의식적으로 행동한다. 자동으로 나오는 행동들에는 패턴이 있다. 회피형은 일을 미루고, 침대에만 있고, 연락을 끊는다. 과잉형은 과식하고, 과음하고, 과소비한다. 공격형은 소리를 지르고, 비난하고, 험담한다.

자신의 행동을 관찰하라. 이런 행동들은 의식적으로 선택한 것이 아니다. 자동으로 나온 것이다. 무의식적 프로그램이 실행된 결과다. 문제는 이런 행동들이 상황을 더 악화시킨다는 것이다. 화가 나서 소리를 지르면 관계가 나빠진다. 불안해서 과식하면 건강이 나빠진다. 우울해서 일을 미루면 상황이 더 나빠진다.

악순환의 구조를 보자. "역시 난 안 돼."라는 생각이 자기혐오와 무력감이라는 감정을 만든다. 그 감정은 일 미루기, 과식, 고립이라는 행동을 유발한다. 행동은 상황을 악화시킨다. 악화된 상황은 다시 "역시 난 안 돼."라는 생각을 만든다. 처음으로 돌아간다.

이 고리를 끊지 않는 한, 10년 후에도 같은 자리에 있을 것이다. 생각이 감정을 만들고, 감정이 행동을 만들고, 행동이 결과를 만들고, 결과가 다시 생각을 만든다. 이 고리는 끊지 않는 한 영원히 반복된다.

TERA 분석 직접 적용해 보기

이제 자신의 무의식적 프로그램을 관찰할 차례다. 최근에 강한 감정을 느낀 순간을 떠올려보라. 어떤 상황이든 상관없다. 다음은 구체적 사례다.

회의에서 내 아이디어가 무시당했다고 하자. T 단계에서 생각을 관찰한다. "나는 역시 인정받지 못해. 저들은 나를 무시해. 이 회사에서 난 투명 인간이야." 이런 생각이 자동으로 떠올랐다. E 단계에서 감정을 관찰한다. 수치심이 10점 만점에 8점, 분노가 7점 정도로 올라왔다. R 단계에서 몸의 반응을 관찰한다. 가슴이 답답했고, 얼굴이 화끈거렸고, 손에 땀이 났다. A 단계에서 행동을 관찰한다. 회의 내내 말을 하지 않았고, 퇴근 후 술을 마셨고, 주말 내내 우울해했다. 결과는 상황 악화였다.

이제 당신 차례다. 오늘 아침 출근길을 떠올려보라. 어떤 생각이 자동으로 떠올랐는가? 종이에 써보라. 지금 이 순간 느껴지는 감정은 무엇인가? 10점 만점에 몇 점인가? 눈을 감고 몸을 스캔해보라. 어디에 긴장이 있는가? 어깨인가, 목인가, 턱인가? 그곳에 호흡을 보내라. 최근에 후회한 행동이 있는가? 그 행동은 어떤 생각, 어떤 감정,

어떤 몸의 반응에서 나왔는가? 솔직하게 기록하라.

판단하지 말고 관찰하라. "나는 왜 이렇게 못났을까?"라고 자책하지 말라. 그냥 "아, 이런 패턴이 있구나."라고 알아차리자. 반복해서 '원더셀프 TERA 분석'을 하다 보면 자신의 패턴이 보이기 시작한다. 자신의 패턴을 알아차리는 것이 변화의 시작이다.

원더셀프 TERA 분석을 통해 자신의 무의식적 프로그램을 알아차렸다면, 이제 다음 단계로 나아갈 수 있다. 다음에 같은 상황이 왔을 때, 같은 생각이 올라오는 것을 알아차릴 수 있다. 같은 감정이 튀어나오는 것을 포착할 수 있다. 같은 몸의 반응이 일어나는 것을 감지할 수 있다. 가장 중요한 것은 같은 행동을 하기 전에 멈출 수 있다는 것이다.

알아차림은 생각과 행동 사이에 공간을 만든다. 그 공간에서 우리는 선택할 수 있다. 자동으로 반응하지 않고, 의식적으로 선택할 수 있다. 다른 선택을 반복하면 새로운 패턴이 만들어진다. 새로운 신경 회로가 형성된다.

이 모든 것은 관찰에서 시작된다. 보이지 않던 것이 보이기 시작한다. "아, 내가 또 이 생각을 하고 있구나.", "이 감정이 올라오고 있구나.", "몸이 반응하고 있구나.", "항상 이런 행동을 하는구나." 알아차림의 순간, 자동 반응과 의식적 선택 사이에 공간이 생긴다. 그 공간에서 당신은 자유롭다. 과거의 프로그램이 아니라 현재의 선택으로살 수 있다. 지금 당장 원더셀프 TERA 분석을 해보라. 무의식적 프로그램을 의식의 빛으로 끌어내라. 이것이 변화의 첫걸음이다.

소망을 현실로 만드는
3단계 의식 모델

우리는 살아가면서 수많은 소망을 품는다. 작은 일상의 목표부터 인생을 바꿀 큰 꿈까지, 그 스펙트럼은 광대하다. 그런데 흥미로운 질문이 하나 있다. 이 소망들을 실현하는 방법에는 과연 몇 가지가 있을까? 놀랍게도 소망을 현실로 만드는 방법은 크게 3가지로 분류할 수 있다.

첫째 자신의 의지와 노력으로 생각을 실체화하는 방법

둘째 고차원의 의식 존재인 초의식을 활용하는 방법

셋째 우주와 일체가 되어 소망 자체와 하나가 되는 방법

각각의 방법은 고유한 특징과 원리를 가지고 있으며, 상황과 목적에 따라 적절히 선택하거나 조합할 수 있다. 이 3가지 방법을 깊이 있게 탐구하고, 특히 '초의식'이라는 신비로운 영역에 대해 자세히 알아보자.

첫 번째 방법: 자신의 의지와 노력으로 생각을 실체화하기

'염력'이라는 단어를 들으면 대부분 초능력을 떠올린다. 스푼을 구부리거나 물건을 공중에 띄우는 장면이 연상된다. 하지만 염력의 본질은 훨씬 광범위하고 실용적이다. 염력은 넓은 의미에서 '생각을 구현하는 힘' 전체를 포괄한다.

마음의 힘으로 물리적 대상에 영향을 주는 것뿐만 아니라, 자신의 꿈을 실현하고 목표를 달성하는 모든 정신적 작용이 여기에 포함된다. 결국 염력이란 의식의 힘으로 현실을 변화시키는 능력을 말한다.

이 방법의 핵심은 명확한 목표 설정과 체계적인 접근에 있다. 막연한 바람은 실현되기 어렵다. 달성하려는 소망이나 목표를 확실히 정해두는 것이 첫 단계다. 그다음 중요한 것은 큰 목표를 작은 단위로 나누는 것이다. 최종 목적지까지 도달하는 과정을 몇 개의 중간 지점으로 나누면 각 단계가 더 구체적으로 보인다.

이렇게 하면 지금 당장 무엇을 해야 하는지가 명확해진다. 구체적인 이미지가 생기면 행동이 따라온다. 추상적인 꿈은 추상적인 노력을 낳지만, 구체적인 목표는 구체적인 행동을 만들어낸다. 이것이 바로 시각화의 힘이다.

첫 번째 방법에서 빼놓을 수 없는 요소는 노력이다. 노력이 필요한 소망을 이루기 위해서는 노력이 필요불가결하다는 말은 동어반복처럼 들릴 수 있다. 하지만 여기에는 깊은 의미가 있다.

우리가 품는 대부분의 소망은 자동으로 실현되지 않는다. 시험에 합격하고 싶다면 공부해야 하고, 건강해지고 싶다면 운동해야 하며, 사업에서 성공하고 싶다면 일해야 한다. 이것은 너무나 당연한 진리다. 하지만 때로 우리는 이 명백한 사실을 외면하고 싶어 한다.

첫 번째 방법은 이러한 인간의 의지와 행동, 지속성과 인내를 강조한다. 생각만으로는 부족하다. 생각을 행동으로 옮기고, 그 행동을 지속하며, 결과가 나올 때까지 인내하는 것. 이것이 자신의 힘으로 생각을 실체화하는 방법의 본질이다.

두 번째 방법: 고차원의 의식 존재인 초의식을 활용하기

초의식이란 무엇인가? 이것은 우리의 일상적 의식을 넘어선 고차원의 의식 존재를 가리킨다. 일부에서는 이것을 영적 가이드, 내면의 안내자, 상위 자아, 진정한 자아, 참나 등 다양한 이름으로 부른다. 명칭이 무엇이든 그 본질은 동일하다. 초의식은 우리의 개인적 의식보다 훨씬 넓고 깊은 지혜를 가진 존재다. 그것은 우리의 과거와 현재, 더 나아가 미래까지 알고 있다. 또한 우리의 영적 성장을 위해 무엇이 필요한지 정확히 파악하고 있다.

초의식이 가진 목적은 단 하나다. 바로 우리의 영적 성장을 촉진하는 것이다. 그 외의 모든 것은 부차적이다. 초의식은 우리를 부자로 만들거나 유명하게 만드는 것에는 관심이 없다. 오직 우리가 진정한 자아를 발견하고 성숙해지도록 돕는 것에만 집중한다.

초의식의 마음은 자비의 마음이고 무조건적인 사랑이다. 그것은 우리를 판단하지 않고 비난하지 않는다. 단지 지켜보고 안내하며, 필요할 때 도움을 준다. 우리가 어떤 문제로 고민하고 있을 때 초의식은 해결책을 제시해 주기도 한다. 갑자기 떠오르는 직관, 우연히 만나는 사람, 예상치 못한 기회 등의 형태로 말이다. 하지만 여기에는 중요한 조건이 있다.

만약 본인이 스스로 답을 찾아내야만 영적 성장이 이루어지는 경우라면, 초의식은 옆에서 단지 지켜볼 뿐이다. 모든 답을 알려주는 것이 항상 도움이 되는 것은 아니기 때문이다. 때로 우리는 시행착오와 시련을 통해서 배울 수 있다.

초의식을 활용하기 위한 가장 중요한 포인트는 무념무상의 상태, 즉 '무심'이다. 이것은 아무것도 생각하지 않는 공허한 상태를 의미하는 것이 아니다. 오히려 집착과 강박에서 벗어난 고요한 상태를 의미한다.

이러한 마음 상태가 되면 초의식과 자신의 의식이 연결되기 쉽다. 왜 그럴까? 우리의 일상적 의식은 끊임없이 떠들어댄다. 생각이 생각을 낳고, 걱정이 걱정을 부른다. 이 소음 속에서는 초의식의 미세한 신호를 감지하기 어렵다. 하지만 마음이 고요해지면 상황이 달라진다. 호수의 표면이 잔잔해야 바닥이 보이는 것처럼, 마음의 소음이 사라져야 내면의 목소리가 들리기 시작한다.

초의식을 활용하는 방법에는 흥미로운 역설이 있다. 의지의 힘을 버리고 무념무상의 상태에 있을 때 오히려 소망이 실현된다는 것이다. 이것은 첫 번째 방법과 정반대처럼 보인다. 첫 번째 방법에서는 명확한 목표와 강한 의지, 지속적인 노력을 강조했다. 하지만 두 번째 방법에서는 이것을 실현시키려는 작위적인 마음을 버리라고 말한다.

이 모순을 어떻게 이해해야 할까? 여기서 핵심은 집착과 몰입의 차이를 아는 것이다. 목표를 가지되 결과에 집착하지 않는 것, 노력하되 결과를 강박적으로 통제하려 하지 않는 것이다. 무슨 일을 하더라도 결과를 의식하지 말고 무념무상으로 몰입하여 흐름에 맡기는 편이 좋은 결과를 낳는다. 운동선수들이 말하는 '몰입의 순간', 예술가들이 경험하는 '창조의 흐름'이 바로 이 상태다.

여기서 주목할 점이 있다. 초의식을 활용하는 방법은 의도적으로 이미지화하는 방법과는 상극이 된다는 것이다. 많은 자기계발서는 원하는 것을 구체적으로 시각화하고 매일 확언하라고 조언한다. 이것은 첫 번째 방법, 즉 자신의 힘으로 생각을 실체화하는 방법에 해당한다.

하지만 초의식을 활용하는 방법은 다르다. 여기서는 오히려 구체적인 이미지를 놓아버리고, 결과에 대한 집착을 내려놓으며, 무심의 상태에서 흐름에 맡긴다. 의도적인 시각화는 마음의 소음을 증가시켜 초의식과의 연결을 방해할 수 있기 때문이다.

세 번째 방법: 우주와 일체가 되어 소망 자체와 하나가 되기

우주는 텅 빈 공간이 아니다. 그것은 생명 에너지로 가득 찬 바다다. 이 불가사의한 에너지는 다양한 이름으로 불려 왔다. 동양에서는 '기(氣)'라 했고, 인도에서는 '프라나'라 했으며, 어떤 이들은 이것을 '퓨어 러브'라고 부른다. 이 생명 에너지는 특별한 속성들을 가지고 있다. 그것은 사랑으로 넘치고, 창조적이며, 지성을 품고 있고, 기쁨으로 충만하며, 지적 호기심으로 가득하다.

생명 에너지는 2가지 주요한 측면을 가진다. 하나는 자비의 측면이다. 그것은 모든 존재를 품고 사랑한다. 다른 하나는 창조의 측면이다. 그것은 무에서 유를 만들어내고, 모든 소망을 구현하는 힘을 가지고 있다.

세 번째 방법의 핵심은 우주와 일체가 되는 것이다. 그리고 더 나아가 실현하려는 소망 자체와 하나가 되는 것이다. 이것이 어떻게 가능할까? 소망을 이루고 싶다면 무심의 경지에 이르러야 한다. 여기서 다시 무심이 등장한다. 무심은 초의식을 활용하는 데도 필수적이었고, 우주와 일체가 되는 데도 필수적이다.

무심의 상태에서 우리는 자아와 우주 사이의 경계가 희미해지는 것을 경험한다. 내가 우주이고 우주가 나라는 감각. 이 모든 것이 하나로 연결되어 있다는 깊은 이해가 찾아온다. 이 일체감의 상태에서 우리는 실현하려는 소망과도 하나가 된다. 소망이 저 멀리 있는 무언가가 아니라 이미 나의 일부가 되는 것이다. 이렇게 되면 소망의 실현은 자연스러운 결과가 된다.

일체화를 가로막는 가장 큰 장벽은 의심하는 마음, 즉 불신이다. 그럴 리가 없다고 생각하는 마음이 일체가 됨을 불가능하게 만든다. 이것은 단순한 긍정적 사고의 문제가 아니다. 머리로 믿는 척하는 것으로는 충분하지 않다. 진정한 믿음은 존재의 깊은 곳에서 우러나와야 한다.

그렇다면 불신을 어떻게 없앨 수 있을까? 논리적 설득으로는 한계가 있다. 아무리 많은 책을 읽고 강의를 들어도, 경험하지 못한 것을 온전히 믿기는 어렵다. 결국 스스로 우주와 일체가 되는 체험을 하는 수밖에 없다. 직접적인 경험만이 불신을 없앨 수 있다. 한 번이라도 일체감을 경험한 사람은 그것이 실재한다는 것을 안다. 더 이상 믿음의 문제가 아니라 앎의 문제가 되는 것이다.

3가지 방법은 모두 유효하다. 어떤 방법이 최선인지는 상황과 개인의 의식 수준, 그리고 소망의 성격에 따라 달라진다. 물질적이고 구체적인 목표라면 첫 번째 방법이 효과적일 수 있다. 명확한 계획과 지속적인 노력이 결과를 만든다. 복잡하고 불확실한 상황에서 방향을 찾고 싶다면 두 번째 방법을 활용할 수 있다. 무심의 상태에서 초의식의 안내를 받는 것이다. 존재론적 변화와 깊은 내적 변형을 원한다면 세 번째 방법으로 나아갈 수 있다. 우주와 일체가 되는 경험은 삶 전체를 변화시킨다. 중요한 것은 이 3가지가 서로 배타적이지 않다는 점이다. 상황에 따라 적절히 조합하고, 자신에게 맞는 방식을 찾아가면 된다.

당신만의 위대한 여정을 시작하라

지금까지 소망을 이루는 3가지 방법을 살펴보았다. 각각의 방법은 고유한 특징을 가지고 있다. 첫 번째 방법은 개인의 의지와 노력을 강조한다. 이것은 우리에게 가장 익숙한 방법이며, 물질적 차원에서 가장 직접적으로 작동한다. 두 번째 방법은 고차원에 있는 의식과의 협력을 강조한다. 이것은 우리의 개인적 노력을 넘어서는 영역이며, 직관과 영감이 작동하는 공간이다. 세 번째 방법은 분리의 환상을 넘어 모든 것과의 일체감을 강조한다. 이것은 가장 깊은 차원의 접근법이며 존재론적 변화를 요구한다.

이 3가지 방법은 의식의 발달 단계로도 볼 수 있다. 처음에는 자신의 의지와 노력에 의존한다. 이것은 자아가 강하게 작동하는 단계다. 점차 우리는 자아의 한계를 인식하고 더 큰 지혜와 연결되기를 원한다. 이때 초의식과의 협력이 시작된다. 자아가 여전히 존재한다. 하지만 그것이 전부가 아님을 알게 된다. 마지막으로 자아의 경계가 확장되고 유연해지면서, 우주와 자신이 별개가 아님을 깨닫는다. 이것이 일체감의 단계다.

우리 모두는 진정한 자신을 찾아가는 여정 위에 서 있다. 미국의 신화학자 조셉 캠벨은 이를 '영웅의 여정'이라 불렀다. 평범한 일상을 떠나 미지의 세계로 들어가고, 시련을 겪으며, 마침내 변화된 자신으로 돌아오는 과정. 그것이 모든 신화에 담긴 보편적 구조다.

당신의 여정도 다르지 않다. 지금까지 살아온 방식을 내려놓고, 익숙한 생각의 틀에서 벗어나며, 새로운 가능성과 마주하는 일. 그것은 쉽지 않은 도전이다. 두려움이 찾아오고, 의심이 고개를 들며, 포기하고 싶은 순간도 올 것이다.

하지만 기억하라. 진정한 변화는 편안함 속에서 일어나지 않는다. 낡은 자아가 무너질 때, 새로운 자아가 탄생한다. 과거의 패턴이 해체될 때, 미래의 가능성이 열린다. 당신 안에는 이미 그 모든 것을 해낼 힘이 있다. 필요한 것은 단 하나, 시작하는 용기다. 당신만의 길을 찾아 위대한 여정을 지금 시작하라. 진정한 자신과 만나는 그 순간, 당신의 삶은 완전히 달라질 것이다.

참고도서

조 디스펜자, 김재일 번역, 『꿈을 이룬 사람들의 뇌』, 한언, 2009년

앨런 피즈, 이재경 번역, 『결국 해내는 사람들의 원칙』, 반니, 2020년

카를로 로벨리, 김정훈 번역, 『나 없이는 존재하지 않는 세상』, 쌤앤파커스, 2023년

조셉 베너, 유영일 번역, 『내 안의 나』, 올리브나무, 2019년

마틴 셀리그만, 우문식 번역, 『낙관성 학습』, 물푸레, 2012년

데이비드 호킨스, 박찬준 번역, 『놓아버림』, 판미동, 2013년

조 디스펜자, 추미란 번역, 『당신도 초자연적이 될 수 있다』, 샨티, 2019년

브루스 H. 립턴, 이창희 번역, 『당신의 주인은 DNA가 아니다』, 두레, 2016년

조 디스펜자, 추미란 번역, 『당신이 플라시보다』, 샨티, 2016년

노자, 오강남 평역, 『도덕경』, 현암사, 1995년

그렉 브레이든, 김시현 번역, 『디바인 매트릭스, 느낌이 현실이 된다』, 김영사, 2021년

제이지 나이트, 유리타 번역, 『람타(화이트북)』, 아이커넥, 2011년

바딤 젤란드, 박인수 번역, 『리얼리티 트랜서핑』, 정신세계사, 2009년

켄 윌버, 김철수 번역, 『무경계』, 정신세계사, 2012년

디팩 초프라, 김석환 번역, 『바라는 대로 이루어진다』, 나비스쿨, 2023년

네빌 고다드, 이상민 번역, 『네빌 고다드의 부활』, 서른세개의 계단, 2014년

조 디스펜자, 편기욱 번역, 『브레이킹 당신이라는 습관을 깨라』, 샨티, 2021년

윌리암 안츠, 박인재 번역, 『블립』, 지혜의나무, 2010년

마이클 A. 싱어, 이균형 번역, 『상처받지 않는 영혼』, 라이팅하우스, 2025년

레스터 레븐슨, 아눌라 번역, 『세도나 마음혁명』, 쌤앤파커스, 2016년

뇔르 C. 넬슨, 이상춘 번역, 『소망을 이루어주는 감사의 힘』, 한문화, 2023년

닥 췰드리, 하영목 번역, 『스트레스 솔루션』, 들녘미디어, 2004년

론다 번, 김우열 번역, 『시크릿』, 살림Biz, 2007년

전문우, 『아무것도 할 수 없었던 그때, 나를 치유해준 말 한마디』, 시간과공간사, 2018년

레스 페미, 이재석 번역, 『오픈 포커스 브레인』, 샨티, 2024년

정창영 편역, 『우파니샤드』, 무지개다리너머, 2016년

다사카 히로시, 한이명 번역, 『운을 끌어당기는 과학적인 방법』, 김영사, 2020년

에스더 힉스, 박행국 번역, 『유인력 끌어당김의 법칙』, 나비랑북스, 2013년

에크하르트 톨레, 노혜숙 유영일 번역, 『지금 이 순간을 살아라』, 양문출판사, 2025년

사카모토 마사미치, 이상혁 번역, 『나를 이끌어주는 또다른 힘, 초의식』, 유레카북스, 2006년

조지프 캠벨, 이윤기 번역, 『천의 얼굴을 가진 영웅』, 민음사, 2018년

마이클 탤보트, 이균형 번역, 『홀로그램 우주』, 정신세계사, 1999년

앨버트 엘리스, 서수균 번역, 『합리적 정서행동치료』, 학지사, 2007년

서어지 카힐리 킹, 박인재 번역, 『후나 웨이』, 침묵의향기, 2010년

벤 존슨, 알렉산더 로이드, 이문영 번역, 『힐링 코드』, 시공사, 2013년